APRENDA FASTAPI

Dos Fundamentos às Aplicações Práticas

Diego Rodrigues

APRENDA FASTAPI
Dos Fundamentos às Aplicações Práticas

Edição 2025

Autor: Diego Rodrigues

studiod21portoalegre@gmail.com

Nota Importante

Os códigos e scripts apresentados neste livro têm como principal objetivo ilustrar, de forma prática, os conceitos discutidos ao longo dos capítulos. Foram desenvolvidos para demonstrar aplicações didáticas em ambientes controlados, podendo, portanto, exigir adaptações para funcionar corretamente em contextos distintos. É responsabilidade do leitor validar as configurações específicas do seu ambiente de desenvolvimento antes da implementação prática.

Mais do que fornecer soluções prontas, este livro busca incentivar uma compreensão sólida dos fundamentos abordados, promovendo o pensamento crítico e a autonomia técnica. Os exemplos apresentados devem ser vistos como pontos de partida para que o leitor desenvolva suas próprias soluções, originais e adaptadas às demandas reais de sua carreira ou projetos. A verdadeira competência técnica surge da capacidade de internalizar os princípios essenciais e aplicá-los de forma criativa, estratégica e transformadora.

Estimulamos, portanto, que cada leitor vá além da simples reprodução dos exemplos, utilizando este conteúdo como base para construir códigos e scripts com identidade própria, capazes de gerar impacto significativo em sua trajetória profissional. Esse é o espírito do conhecimento aplicado: aprender profundamente para inovar com propósito.

Agradecemos pela confiança e desejamos uma jornada de estudo produtiva e inspiradora.

ÍNDICE

REAL

SAUDAÇÕES!

Olá, caro leitor!

Bem-vindo à sua jornada para dominar o FastAPI, um dos frameworks mais modernos e eficientes para o desenvolvimento web com Python. Se você chegou até aqui, é porque reconhece a importância de aprender uma tecnologia inovadora, capaz de criar APIs de alto desempenho de forma rápida, segura e escalável.

Em 2025, a demanda por desenvolvedores Python segue em ascensão, e o FastAPI tem se consolidado como a escolha preferida para a construção de APIs eficientes, graças ao seu suporte nativo para tipagem estática, execução assíncrona e geração automática de documentação. Grandes empresas e startups estão investindo cada vez mais em arquiteturas baseadas em APIs rápidas e flexíveis, tornando o domínio do FastAPI um diferencial competitivo essencial para qualquer profissional de tecnologia.

Este livro, "APRENDA FASTAPI: Dos Fundamentos às Aplicações Práticas", foi criado para fornecer um guia claro, didático e aplicado, permitindo que você domine o framework desde os conceitos fundamentais até a implementação de soluções robustas em produção. Aqui, você aprenderá a construir APIs escaláveis, trabalhar com autenticação segura, integrar bancos de dados, otimizar performance, lidar com WebSockets, realizar deploys eficientes e muito mais.

Cada capítulo foi cuidadosamente estruturado para que você possa aplicar imediatamente o que aprendeu, desenvolvendo projetos reais alinhados às demandas do mercado atual. Seja você um iniciante buscando um ponto de partida sólido, um desenvolvedor experiente em busca de atualização ou alguém que deseja criar APIs modernas de forma eficiente, este livro será seu guia definitivo no FastAPI.

Prepare-se para transformar conhecimento em prática, criar aplicações de alto nível e dominar uma das ferramentas mais estratégicas do ecossistema Python.

Boa leitura e sucesso no desenvolvimento com FastAPI!

SOBRE O AUTOR

Diego Rodrigues
Autor Técnico e Pesquisador Independente
ORCID: https://orcid.org/0009-0006-2178-634X
StudioD21 Smart Tech Content & Intell Systems
E-mail: studiod21portoalegre@gmail.com
LinkedIn: linkedin.com/in/diegoexpertai

Autor técnico internacional (*tech writer*) com foco em produção estruturada de conhecimento aplicado. É fundador da StudioD21 Smart Tech Content & Intell Systems, onde lidera a criação de frameworks inteligentes e a publicação de livros técnicos didáticos e com suporte por inteligência artificial, como as séries Kali Linux Extreme, SMARTBOOKS D21, entre outras.

Detentor de 42 certificações internacionais emitidas por instituições como IBM, Google, Microsoft, AWS, Cisco, META, Ec-Council, Palo Alto e Universidade de Boston, atua nos campos de Inteligência Artificial, Machine Learning, Ciência de Dados, Big Data, Blockchain, Tecnologias de Conectividade, Ethical Hacking e Threat Intelligence.

Desde 2003, desenvolveu mais de 200 projetos técnicos para marcas no Brasil, EUA e México. Em 2024, consolidou-se como um dos maiores autores de livros técnicos da nova geração, com mais de 180 títulos publicados em seis idiomas. Seu trabalho tem como base o protocolo próprio de escrita técnica aplicada TECHWRITE 2.3, voltado à escalabilidade, precisão conceitual e aplicabilidade prática em ambientes profissionais.

APRESENTAÇÃO DO LIVRO

O desenvolvimento de APIs modernas e escaláveis tornou-se um dos pilares essenciais da tecnologia atual. Entre as diversas ferramentas disponíveis no ecossistema Python, o FastAPI se destaca por sua velocidade, tipagem forte e suporte nativo a programação assíncrona, tornando-se a escolha ideal tanto para iniciantes quanto para desenvolvedores experientes que buscam eficiência na construção de APIs robustas.

Este livro foi cuidadosamente elaborado para ser o guia mais completo e prático sobre FastAPI, cobrindo desde os fundamentos até aplicações avançadas e estratégias de deploy. Nosso objetivo é fornecer um material acessível, atualizado e altamente aplicável, permitindo que você não apenas compreenda os conceitos, mas também os implemente de forma eficiente em projetos reais.

A estrutura do livro foi planejada para garantir um aprendizado progressivo, equilibrando teoria e prática.

Iniciamos com uma introdução ao FastAPI e sua configuração inicial, abordando a instalação, o conceito de type hints e como criar as primeiras rotas no Capítulo 1. No Capítulo 2, apresentamos a estrutura de uma aplicação FastAPI e sua organização modular para garantir escalabilidade e manutenção eficiente.

A seguir, no Capítulo 3, exploramos os modelos de dados com Pydantic, essenciais para validação e serialização de informações. O Capítulo 4 aprofunda os métodos HTTP e a implementação de operações CRUD, enquanto no Capítulo

5, aprendemos sobre manipulação de formulários, query parameters e path parameters para personalizar as interações com as APIs.

O Capítulo 6 é dedicado ao upload e manipulação de arquivos, um recurso essencial para diversos tipos de aplicações. No Capítulo 7, abordamos autenticação e autorização, incluindo segurança com JWT e OAuth2. Já no Capítulo 8, conectamos o FastAPI a bancos de dados relacionais e NoSQL, utilizando ORMs como SQLAlchemy.

A segunda parte do livro foca na implementação avançada e otimização. No Capítulo 9, explicamos boas práticas para a arquitetura de projetos, explorando padrões como injeção de dependências e camadas de serviço. No Capítulo 10, mergulhamos nos testes automatizados, essenciais para garantir qualidade e estabilidade do código.

O Capítulo 11 apresenta a implementação de WebSockets para comunicação em tempo real, enquanto no Capítulo 12, discutimos middleware e manipulação avançada de requisições, permitindo a personalização de logs e métricas. O Capítulo 13 explora a execução de tarefas assíncronas, utilizando Celery para processamento paralelo.

A terceira parte do livro é voltada para deploy, performance e monitoramento. No Capítulo 14, ensinamos como gerar documentação automática para APIs com OpenAPI e Swagger. No Capítulo 15, abordamos o versionamento de APIs, garantindo compatibilidade e evolução contínua dos serviços.

O Capítulo 16 apresenta estratégias de deploy para produção, cobrindo desde Docker até serverless computing. Já no Capítulo 17, exploramos integração com APIs externas, conectando FastAPI a serviços populares. O Capítulo 18 trata de logging e monitoramento avançado, garantindo rastreamento detalhado e detecção de falhas.

Na quarta parte, abordamos segurança e escalabilidade. No

Capítulo 19, reforçamos práticas de segurança avançada, incluindo políticas de CORS, rate limiting e prevenção contra ataques comuns. O Capítulo 20 explora estratégias de caching e otimização de desempenho, fundamentais para lidar com grandes volumes de requisições.

Por fim, os últimos capítulos trazem reflexões estratégicas sobre gerenciamento de APIs e tendências futuras. No Capítulo 21, abordamos internacionalização e localização, permitindo suporte a múltiplos idiomas. No Capítulo 22, analisamos técnicas de observabilidade, tracing e métricas de monitoramento para sistemas distribuídos.

O Capítulo 23 explora o uso de FastAPI em ambientes de computação em nuvem, cobrindo estratégias para AWS Lambda, Google Cloud Functions e outras soluções serverless. No Capítulo 24, tratamos de boas práticas para manutenção de código, versionamento e refatoração. Por fim, no Capítulo 25, discutimos o futuro das APIs e tendências emergentes no desenvolvimento de backend, oferecendo insights estratégicos sobre o impacto da IA e novas arquiteturas na evolução do FastAPI.

Este livro foi estruturado para garantir que você não apenas aprenda FastAPI, mas também saiba aplicá-lo de forma prática e estratégica. Se você deseja criar APIs rápidas, eficientes e escaláveis e se tornar um especialista no ecossistema Python, esta leitura será um passo essencial na sua jornada.

Agora, é hora de mergulhar no mundo do desenvolvimento moderno com FastAPI e transformar conhecimento em prática!

CAPÍTULO 1. O QUE É FASTAPI?

O desenvolvimento de aplicações web e APIs modernas exige frameworks que conciliem desempenho, facilidade de uso e escalabilidade. Python, uma das linguagens mais populares do mundo, oferece diversas opções para desenvolvimento backend, como Flask e Django. No entanto, à medida que a necessidade por APIs rápidas, assíncronas e tipadas aumentou, surgiu o **FastAPI**, um framework que revolucionou a forma como aplicações Python são construídas.

FastAPI se consolidou como uma das melhores escolhas para quem deseja construir APIs robustas, escaláveis e altamente performáticas, utilizando a combinação de tipagem estática, execução assíncrona e documentação automática. Sua sintaxe limpa e seu suporte nativo a async/await fazem dele um dos frameworks mais eficientes para desenvolvedores que buscam produtividade e alto desempenho.

História e Evolução do FastAPI

FastAPI foi criado para solucionar um problema recorrente no desenvolvimento backend: a complexidade na escrita de APIs de alto desempenho. Durante anos, frameworks como Flask e Django foram utilizados para esse propósito, mas à medida que aplicações web se tornaram mais exigentes, tornou-se evidente que soluções tradicionais tinham limitações em concorrência e eficiência.

FastAPI foi desenvolvido por Sebastián Ramírez, que identificou a necessidade de um framework moderno que aproveitasse os recursos mais avançados do Python, incluindo:

- **Type Hints**, garantindo que o código seja mais previsível e menos suscetível a erros.

- **Execução assíncrona com async/await**, permitindo que APIs lidem com múltiplas requisições de forma eficiente.

- **Geração automática de documentação**, reduzindo tempo de desenvolvimento e facilitando a manutenção.

O impacto foi imediato. Empresas e desenvolvedores adotaram FastAPI devido à sua simplicidade e eficiência, tornando-se um dos frameworks Python mais bem avaliados e utilizados.

Comparação com Flask e Django

Python oferece diferentes opções para desenvolvimento web. Flask e Django são as soluções mais tradicionais, mas suas abordagens são distintas em relação ao FastAPI.

Flask é um microframework minimalista, que permite flexibilidade, mas requer bibliotecas adicionais para funcionalidades avançadas. Django, por outro lado, é um framework completo, ideal para aplicações grandes, mas muitas vezes excessivo para APIs rápidas e modulares.

FastAPI combina o melhor dos dois mundos:

- **Leveza e flexibilidade** de um microframework como Flask.

- **Estrutura bem definida** semelhante ao Django, permitindo escalabilidade.

- **Execução assíncrona**, reduzindo bloqueios e melhorando

a performance.

- **Validação de dados nativa**, dispensando bibliotecas adicionais.

A maior diferença está no desempenho. Enquanto Flask e Django lidam com requisições de forma síncrona (bloqueante), FastAPI suporta múltiplas requisições simultâneas de forma eficiente, tornando-se a melhor escolha para aplicações que exigem alta escalabilidade e baixa latência.

Vantagens Centrais do FastAPI

FastAPI não se destaca apenas por ser rápido. Sua arquitetura moderna permite que desenvolvedores criem APIs de forma intuitiva, segura e altamente eficiente.

Desempenho Superior:

FastAPI é baseado no Starlette, um framework leve e assíncrono, que garante execução rápida e baixo consumo de recursos. Seu desempenho é comparável ao de frameworks escritos em Node.js e Go, tornando-se uma escolha viável para aplicações de alto tráfego.

Facilidade de Escrita:

A sintaxe do FastAPI é simples e legível, tornando o código mais intuitivo e menos propenso a erros. Com suporte a tipagem estática, os editores de código oferecem autocompletar e checagem de tipos, melhorando a experiência de desenvolvimento.

Exemplo básico de uma API em FastAPI:

python

```
from fastapi import FastAPI
```

```
app = FastAPI()

@app.get("/")
def home():
    return {"mensagem": "Bem-vindo ao FastAPI"}
```

Apenas com quatro linhas de código, é possível criar uma API funcional. Diferente de frameworks tradicionais, onde seria necessário configurar múltiplos arquivos, FastAPI reduz a burocracia, permitindo maior agilidade no desenvolvimento.

Uso de Type Hints

A tipagem estática permite que FastAPI realize validação automática de dados, evitando erros comuns. Isso significa que, ao definir um modelo de dados, FastAPI gera automaticamente a documentação da API e valida os inputs recebidos.

Com validação automática:

python

```
from fastapi import FastAPI
from pydantic import BaseModel

app = FastAPI()

class Usuario(BaseModel):
    nome: str
    idade: int
    email: str

@app.post("/usuario/")
def criar_usuario(usuario: Usuario):
    return {"mensagem": f"Usuário {usuario.nome} criado com sucesso"}
```

Se um cliente tentar enviar um JSON sem um dos campos

obrigatórios, FastAPI retorna automaticamente uma resposta de erro, evitando que o backend tenha que lidar com entradas inválidas.

Geração Automática de Documentação

FastAPI gera documentação interativa automaticamente. Acessando /docs, é possível visualizar e testar os endpoints da API sem a necessidade de ferramentas externas.

FastAPI suporta dois padrões de documentação:

- **Swagger UI** – interface gráfica interativa.

- **ReDoc** – documentação minimalista e estruturada.

Basta executar a API e acessar /docs para visualizar todos os endpoints e seus parâmetros.

Execução Assíncrona

Diferente de Flask e Django, que lidam com requisições de forma sequencial, FastAPI permite execução assíncrona nativa, otimizando o uso de recursos.

A vantagem da programação assíncrona fica evidente quando múltiplas requisições são processadas simultaneamente. Em uma API tradicional, cada requisição bloqueia a execução, enquanto no FastAPI as requisições são processadas em paralelo, reduzindo o tempo de resposta.

Modelo de endpoint assíncrono:

python

```
from fastapi import FastAPI
import asyncio

app = FastAPI()

@app.get("/espera")
```

```python
async def operacao_lenta():
    await asyncio.sleep(5)
    return {"status": "Operação concluída"}
```

Enquanto um endpoint síncrono bloquearia a API por 5 segundos, a versão assíncrona permite que outras requisições continuem sendo processadas normalmente.

Resolução de Erros Comuns

A adoção de FastAPI pode gerar desafios para quem está acostumado com frameworks tradicionais. Alguns dos erros mais comuns incluem:

Erro: Importação incorreta do FastAPI

Mensagem: ModuleNotFoundError: No module named 'fastapi'
Causa: FastAPI não está instalado no ambiente.
Solução: Instalar a biblioteca com:

nginx

```
pip install fastapi uvicorn
```

Erro: Uso de funções síncronas em endpoints assíncronos

Mensagem: RuntimeWarning: coroutine 'funcao' was never awaited
Causa: Uma função foi definida como assíncrona (async def), mas chamada de forma síncrona.
Solução: Garantir que toda função assíncrona seja aguardada (await):

python

```python
async def operacao():
    return "Pronto"

@app.get("/")
async def home():
```

```
resposta = await operacao()
return {"mensagem": resposta}
```

Erro: Falha ao iniciar o servidor

Mensagem: OSError: [Errno 98] Address already in use
Causa: Outra aplicação está usando a porta padrão (8000).
Solução: Alterar a porta ao iniciar o Uvicorn:

nginx

```
uvicorn main:app --host 0.0.0.0 --port 8080
```

Boas Práticas

A adoção de FastAPI em projetos reais deve seguir boas práticas para garantir segurança, escalabilidade e manutenção eficiente.

- **Modularização:** Separar funcionalidades em múltiplos arquivos, utilizando APIRouter para organizar rotas.

- **Validação rigorosa:** Utilizar **Pydantic** para validar todos os dados de entrada, evitando falhas inesperadas.

- **Segurança:** Implementar autenticação JWT para proteger endpoints sensíveis.

- **Monitoramento:** Configurar **logs detalhados e métricas** para identificar gargalos e otimizar performance.

- **Deploy otimizado:** Utilizar **Docker e cloud providers** para escalabilidade e fácil manutenção.

FastAPI já é utilizado por empresas globais e startups para desenvolver APIs escaláveis, integradas a bancos de dados, inteligência artificial e aplicações em tempo real.

Resumo Estratégico

FastAPI revolucionou o desenvolvimento de APIs em Python, tornando-se a escolha ideal para quem busca desempenho, simplicidade e escalabilidade. Seu suporte nativo a type hints, execução assíncrona e validação automática garante que aplicações sejam rápidas, seguras e fáceis de manter. Dominar FastAPI significa estar preparado para desenvolver APIs modernas e de alta performance, atendendo às exigências das tecnologias do futuro.

CAPÍTULO 2. INSTALAÇÃO E CONFIGURAÇÃO DO AMBIENTE

A preparação do ambiente de desenvolvimento é essencial para garantir eficiência e evitar problemas técnicos ao longo do projeto. O FastAPI exige um ambiente configurado corretamente para que suas funcionalidades possam ser utilizadas sem dificuldades. A configuração adequada do Python, a criação de um ambiente virtual, a instalação das dependências e a estruturação do projeto são passos fundamentais antes de iniciar o desenvolvimento de APIs com FastAPI.

Preparando o Python, pip e

Criação de Ambiente Virtual

O FastAPI é um framework baseado em Python e requer uma versão atualizada da linguagem para funcionar corretamente. A primeira etapa é verificar se o Python está instalado e atualizado. Para isso, utilize o comando:

css

```
python --version
```

Caso a versão do Python não esteja instalada ou seja muito antiga, acesse o site oficial e faça o download da versão mais recente.

Além do Python, é fundamental garantir que o gerenciador de pacotes pip também esteja atualizado. O pip é responsável por instalar e gerenciar pacotes no ambiente Python. Para verificar sua versão e atualizar, utilize os comandos:

css

```
pip --version
pip install --upgrade pip
```

A próxima etapa é a criação de um ambiente virtual. O ambiente virtual isola dependências de um projeto, garantindo que pacotes e versões específicas não entrem em conflito com outras aplicações. Para criar um ambiente virtual, utilize:

nginx

```
python -m venv venv
```

Isso criará um diretório chamado venv, que conterá os arquivos necessários para o ambiente virtual. Para ativar o ambiente virtual no sistema operacional Windows, utilize:

```
venv\Scripts\activate
```

No macOS e no Linux, utilize:

bash

```
source venv/bin/activate
```

A ativação do ambiente virtual garante que todas as instalações e configurações feitas a partir desse momento sejam restritas ao projeto em desenvolvimento.

Instalação do FastAPI e Uvicorn

Com o ambiente virtual ativado, a instalação do FastAPI pode ser realizada através do pip. O Uvicorn, servidor ASGI de alto desempenho, também deve ser instalado para executar as APIs desenvolvidas. Execute:

nginx

```
pip install fastapi uvicorn
```

Após a instalação, é possível verificar se os pacotes foram corretamente instalados utilizando o comando:

nginx

```
pip list
```

Assim, exibirá a lista de pacotes instalados, incluindo as versões do FastAPI e Uvicorn.

Configurações Iniciais de

Projeto e Estrutura de Diretórios

Para manter a organização e escalabilidade da aplicação, é recomendável estruturar o projeto desde o início. Crie um diretório para armazenar os arquivos da aplicação e navegue até ele no terminal:

bash

```
mkdir projeto_fastapi
cd projeto_fastapi
```

Dentro do diretório do projeto, a estrutura básica inicial pode ser organizada da seguinte forma:

```
projeto_fastapi/
|── app/
|   ├── main.py
|   ├── routers/
|   ├── models/
|   ├── services/
|   ├── database.py
```

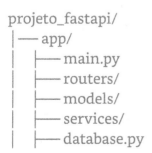

```
|── venv/
|── requirements.txt
```

A pasta app contém os arquivos principais da aplicação. O arquivo main.py será o ponto de entrada do FastAPI. A pasta routers armazenará as definições das rotas. A pasta models será utilizada para definição dos modelos de dados. A pasta services conterá as regras de negócio. O arquivo database.py conterá a configuração de banco de dados.

O arquivo requirements.txt pode ser utilizado para armazenar todas as dependências do projeto. Para criar esse arquivo e salvar os pacotes instalados, utilize:

pgsql

```
pip freeze > requirements.txt
```

Assim, permitirá que qualquer outro desenvolvedor ou ambiente recrie as dependências com:

nginx

```
pip install -r requirements.txt
```

Testando a Instalação com um "Hello World"

Para garantir que a instalação foi concluída corretamente, o próximo passo é criar um pequeno servidor FastAPI e verificar se tudo está funcionando. No arquivo main.py, adicione:

python

```
from fastapi import FastAPI

app = FastAPI()
```

```
@app.get("/")
def home():
    return {"mensagem": "Servidor FastAPI em execução"}
```

O código define uma aplicação FastAPI simples, onde uma rota GET na raiz retorna uma mensagem JSON. Para iniciar o servidor e testar a API, utilize o comando:

lua

```
uvicorn app.main:app --reload
```

O parâmetro --reload permite que o servidor reinicie automaticamente sempre que o código for alterado.

Após executar o comando, o terminal exibirá a mensagem indicando que o servidor está rodando e fornecendo a URL local para acessar a API:

arduino

```
INFO:    Uvicorn running on http://127.0.0.1:8000
```

Ao abrir essa URL no navegador ou utilizar ferramentas como curl ou Postman, a resposta JSON será exibida, confirmando que o FastAPI foi configurado corretamente.

Além disso, é possível visualizar a documentação automática da API gerada pelo FastAPI acessando:

arduino

```
http://127.0.0.1:8000/docs
```

A interface interativa do Swagger permitirá testar os endpoints sem necessidade de clientes externos.

Resolução de Erros Comuns

Erro: Módulo FastAPI não encontrado

Mensagem: ModuleNotFoundError: No module named 'fastapi'
Causa: O FastAPI não foi instalado corretamente no ambiente virtual ou o ambiente virtual não está ativado.
Solução: Certifique-se de ativar o ambiente virtual antes de instalar o FastAPI:

bash

```
source venv/bin/activate # Linux/macOS
venv\Scripts\activate # Windows
pip install fastapi uvicorn
```

Erro: Porta já em uso ao iniciar o servidor

Mensagem: OSError: [Errno 98] Address already in use
Causa: Outra aplicação está utilizando a porta 8000.
Solução: Especificar outra porta ao iniciar o servidor:

nginx

```
uvicorn app.main:app --host 0.0.0.0 --port 8080 --reload
```

Erro: Problema de permissão ao ativar o ambiente virtual no Linux/macOS

Mensagem: Permission denied
Causa: Falta de permissão de execução no arquivo de ativação.
Solução: Garantir permissões adequadas no script:

bash

```
chmod +x venv/bin/activate
source venv/bin/activate
```

Erro: Uvicorn não reconhecido como comando

Mensagem: command not found: uvicorn
Causa: O Uvicorn não está instalado no ambiente virtual ou não

foi reconhecido.

Solução: Reinstalar o Uvicorn e garantir que o ambiente virtual está ativado:

nginx

```
pip install uvicorn
```

Boas Práticas

A configuração inicial correta do FastAPI é essencial para evitar problemas futuros. Seguir boas práticas garante que o desenvolvimento seja ágil, organizado e preparado para escalabilidade.

- Criar um ambiente virtual sempre que iniciar um novo projeto é uma das melhores formas de evitar conflitos de dependências. O isolamento de pacotes garante que as bibliotecas necessárias para o projeto não interfiram em outros trabalhos.

- Manter a estrutura de diretórios organizada desde o início facilita a manutenção e permite que a aplicação cresça sem se tornar desorganizada. O uso de routers para separar funcionalidades permite modularização e facilita a leitura do código.

- Utilizar um arquivo de requisitos garante que qualquer desenvolvedor ou servidor possa instalar as dependências de forma rápida e sem inconsistências.

Iniciar o desenvolvimento com boas práticas de validação e segurança desde a configuração do ambiente ajuda a evitar problemas no futuro. Configurar logs e monitoramento desde o início do projeto permite identificar falhas rapidamente e otimizar o desempenho.

FastAPI é amplamente utilizado em sistemas de backend modernos, APIs de alto desempenho, serviços em nuvem e aplicações de inteligência artificial. A configuração inicial adequada garante que a aplicação esteja preparada para lidar com essas demandas de forma eficiente.

Resumo Estratégico

A configuração correta do ambiente é o primeiro passo essencial para desenvolver APIs de alto desempenho com FastAPI. Com o Python atualizado, um ambiente virtual bem estruturado e a instalação correta das dependências, é possível garantir um ambiente estável e eficiente. A execução do primeiro servidor FastAPI confirma que tudo está funcionando e permite dar início ao desenvolvimento de APIs completas.

Com esse ambiente preparado, é possível evoluir para a construção de APIs mais complexas, implementando autenticação, integração com bancos de dados e lógica de negócios. O próximo passo é aprofundar-se nos conceitos de rotas, modelos de dados e validação de entrada, garantindo que a API seja segura, modular e escalável.

CAPÍTULO 3. CONCEITOS FUNDAMENTAIS DO FASTAPI

FastAPI é um framework que se destaca pela sua abordagem moderna, combinando tipagem estática, execução assíncrona e geração automática de documentação. Esses aspectos garantem que APIs desenvolvidas com FastAPI sejam rápidas, seguras e fáceis de manter. Antes de avançar para implementações mais complexas, é essencial compreender os conceitos fundamentais do framework, como tipagem estática, estrutura de rotas e funcionamento interno.

Tipagem Estática e sua Importância

A tipagem estática permite que os tipos de variáveis e parâmetros sejam definidos explicitamente no código, reduzindo a ocorrência de erros e tornando o código mais previsível. No FastAPI, a tipagem estática é usada para definir os tipos de entrada e saída das funções que representam os endpoints da API.

Python, por padrão, é uma linguagem de tipagem dinâmica, o que significa que uma variável pode assumir diferentes tipos de valores ao longo do código. Isso pode levar a erros difíceis de detectar. Com a introdução da tipagem estática através de **type hints**, o FastAPI consegue validar automaticamente os dados recebidos, garantindo que apenas entradas válidas sejam processadas.

Exemplo de uma função com tipagem explícita:

python

```python
def soma(a: int, b: int) -> int:
    return a + b
```

O mesmo conceito se aplica ao FastAPI. Quando um endpoint recebe dados, é possível definir os tipos de entrada e saída:

python

```python
from fastapi import FastAPI

app = FastAPI()

@app.get("/soma/{a}/{b}")
def somar(a: int, b: int) -> dict:
    resultado = a + b
    return {"resultado": resultado}
```

Se um usuário tentar acessar a rota passando valores inválidos, como http://127.0.0.1:8000/soma/10/abc, o FastAPI retornará um erro automático informando que abc não é um número inteiro. Essa validação automática reduz a necessidade de verificações manuais dentro do código.

Além de melhorar a segurança da aplicação, a tipagem estática melhora a experiência de desenvolvimento, pois permite que editores de código e IDEs forneçam sugestões e alertas em tempo real, reduzindo a probabilidade de erros.

Maneiras de Criar Rotas e Endpoints Básicos

As rotas no FastAPI são responsáveis por definir os caminhos e comportamentos da API. Um endpoint é um ponto de acesso específico que responde a uma requisição HTTP, como GET, POST, PUT e DELETE.

Criando um Endpoint Básico:

Para criar um endpoint no FastAPI, basta definir uma função

e associá-la a uma rota utilizando os decoradores @app.get, @app.post, @app.put ou @app.delete.

python

```
from fastapi import FastAPI

app = FastAPI()

@app.get("/")
def raiz():
    return {"mensagem": "API funcionando corretamente"}
```

O código define um endpoint na raiz da API, que retorna um dicionário JSON quando acessado. Ao executar a API com Uvicorn, a resposta pode ser visualizada no navegador ou utilizando ferramentas como curl e Postman.

Definição de Parâmetros na URL:

O FastAPI permite definir parâmetros dinâmicos diretamente na rota. No exemplo abaixo, a API recebe um nome na URL e retorna uma mensagem personalizada:

python

```
@app.get("/saudacao/{nome}")
def cumprimentar(nome: str):
    return {"mensagem": f"Olá, {nome}, seja bem-vindo ao FastAPI!"}
```

A URL /saudacao/João retornará a resposta:

json

```
{"mensagem": "Olá, João, seja bem-vindo ao FastAPI!"}
```

Se o usuário tentar acessar o endpoint sem fornecer o parâmetro necessário, a API retornará um erro informando que o parâmetro nome é obrigatório.

Utilizando Query Parameters:

Além de parâmetros de rota, é possível receber valores utilizando query parameters, que são passados na URL após o símbolo ?.

python

```
@app.get("/soma")
def somar_query(a: int, b: int):
    return {"resultado": a + b}
```

O acesso à URL /soma?a=5&b=3 resultará em:

json

```
{"resultado": 8}
```

Dessa forma, a API permite a passagem de múltiplos parâmetros sem necessidade de definir variáveis dentro da rota.

Métodos HTTP e suas Aplicações

Cada método HTTP tem uma função específica. Os mais utilizados são:

- **GET**: usado para recuperar informações.

- **POST**: utilizado para enviar dados para o servidor e criar novos recursos.

- **PUT**: modifica um recurso existente.

- **DELETE**: remove um recurso.

Modelo de um endpoint que recebe um objeto via POST:

python

```
from fastapi import FastAPI
from pydantic import BaseModel

app = FastAPI()

class Usuario(BaseModel):
    nome: str
    idade: int

@app.post("/usuarios/")
def criar_usuario(usuario: Usuario):
    return {"mensagem": f"Usuário {usuario.nome} criado com sucesso"}
```

A API espera um corpo JSON com os dados do usuário. Caso os dados enviados não estejam no formato correto, o FastAPI retornará automaticamente um erro de validação.

Visão geral Sobre as Funcionalidades Internas do FastAPI

FastAPI oferece diversos recursos que facilitam a criação e manutenção de APIs. Alguns dos principais são:

- **Validação automática de dados**: ao utilizar Pydantic, os dados enviados para a API são validados automaticamente, evitando que valores inválidos sejam processados.

- **Execução assíncrona**: suporte nativo ao modelo async/await, permitindo alta concorrência e desempenho otimizado.

- **Geração automática de documentação**: a API gera documentação interativa acessível em /docs, permitindo que endpoints sejam testados diretamente pelo navegador.

- **Suporte a WebSockets**: permite a comunicação em tempo real entre cliente e servidor, útil para aplicações como chats e notificações ao vivo.

- **Segurança integrada**: recursos como autenticação OAuth2 e proteção contra ataques CSRF podem ser configurados de forma simplificada.

A combinação desses recursos torna FastAPI um dos frameworks mais completos e eficientes para o desenvolvimento de APIs.

Resolução de Erros comuns

Erro: Tipagem errada nos parâmetros da função

Mensagem: value is not a valid integer
Causa: O usuário forneceu um valor que não corresponde ao tipo esperado.
Solução: Garantir que a tipagem estática está definida corretamente e que a documentação da API deixa claro os tipos esperados.

Erro: Endpoint não encontrado

Mensagem: 404 Not Found
Causa: A rota acessada não existe ou foi digitada incorretamente.
Solução: Conferir se o caminho definido na API corresponde à URL acessada.

Erro: Problema ao receber dados no corpo da requisição

Mensagem: 422 Unprocessable Entity
Causa: O JSON enviado na requisição não corresponde ao modelo esperado.
Solução: Verificar se os campos e tipos de dados no corpo da requisição estão corretos.

Erro: Servidor não inicia corretamente

Mensagem: ModuleNotFoundError: No module named 'fastapi'
Causa: O FastAPI não está instalado no ambiente virtual.
Solução: Ativar o ambiente virtual e reinstalar o FastAPI com pip install fastapi uvicorn.

Boas Práticas

Para garantir que APIs desenvolvidas com FastAPI sejam eficientes e seguras, algumas boas práticas devem ser seguidas:

- **Definir rotas de forma modular**: separar endpoints em arquivos distintos melhora a organização e a escalabilidade do projeto.

- **Utilizar tipagem estática**: evita erros inesperados e melhora a legibilidade do código.

- **Validar entradas de usuários**: nunca confiar que os dados enviados pelos clientes estão corretos.

- **Configurar logs e monitoramento**: permite identificar e resolver problemas rapidamente.

- **Manter a documentação sempre acessível**: a documentação interativa do FastAPI é um diferencial e deve ser utilizada para facilitar o desenvolvimento.

FastAPI tem sido amplamente adotado por empresas para desenvolver sistemas de backend eficientes, integrando-se a bancos de dados, serviços em nuvem e soluções de inteligência artificial.

Resumo Estratégico

A base do desenvolvimento com FastAPI está na sua estrutura

de rotas, tipagem estática e validação de dados. Compreender esses fundamentos é essencial para criar APIs seguras, escaláveis e organizadas. A partir desses conceitos, é possível avançar para implementações mais complexas, como autenticação, integração com bancos de dados e otimização de desempenho. Cada um desses tópicos será explorado em profundidade ao longo do livro, garantindo um conhecimento sólido e aplicável na construção de APIs modernas.

CAPÍTULO 4. ESTRUTURA DE ROTAS E ORGANIZAÇÃO DE ARQUIVOS

O desenvolvimento de APIs escaláveis e organizadas exige uma estrutura modular bem definida. À medida que um projeto cresce, gerenciar todas as rotas em um único arquivo torna-se inviável. O FastAPI oferece uma solução eficiente para modularizar o código através do uso de APIRouter, permitindo que as rotas sejam separadas em diferentes arquivos, facilitando a manutenção e escalabilidade do projeto.

A modularização correta do código melhora a legibilidade, evita redundâncias e possibilita o reaproveitamento de funcionalidades. Seguir uma estrutura organizada desde o início do projeto garante que novas funcionalidades possam ser adicionadas sem comprometer a clareza e a performance da API.

Conceito de APIRouter para Modularização de Rotas

O APIRouter é um recurso do FastAPI que permite organizar rotas de forma modular. Em aplicações pequenas, definir todas as rotas dentro do arquivo principal pode parecer prático, mas conforme o número de endpoints cresce, essa abordagem torna-se inviável. O APIRouter permite que cada módulo da aplicação tenha suas próprias rotas, isolando responsabilidades e tornando o código mais organizado.

A modularização de rotas é especialmente útil quando há múltiplos grupos de endpoints, como usuários, produtos e pedidos em um sistema de e-commerce. Em vez de definir todas essas rotas dentro de um único arquivo, cada funcionalidade pode ser separada em módulos específicos.

Para utilizar APIRouter, é necessário importar e definir um roteador em um arquivo separado:

python

```python
from fastapi import APIRouter

router = APIRouter()

@router.get("/usuarios")
def listar_usuarios():
    return [{"id": 1, "nome": "João"}, {"id": 2, "nome": "Maria"}]
```

O código cria um roteador específico para rotas de usuários. O próximo passo é incluir esse roteador no aplicativo principal.

No arquivo principal da API, as rotas devem ser registradas:

python

```python
from fastapi import FastAPI
from app.routers import usuarios

app = FastAPI()

app.include_router(usuarios.router)
```

Com essa estrutura, as rotas definidas no módulo usuarios são automaticamente incluídas na API, garantindo uma organização modular.

Organização de Múltiplos Módulos em Projetos Complexos

À medida que um projeto cresce, manter um código organizado torna-se fundamental para a manutenção e escalabilidade. A estrutura recomendada para um projeto FastAPI modularizado segue um padrão que separa diferentes componentes da aplicação.

Uma estrutura recomendada para projetos médios e grandes pode ser organizada da seguinte forma:

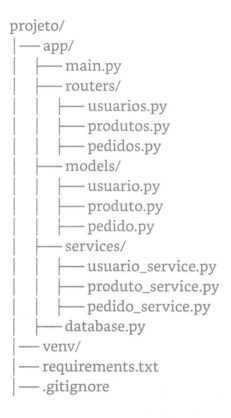

```
projeto/
|── app/
|   ├── main.py
|   ├── routers/
|   |   ├── usuarios.py
|   |   ├── produtos.py
|   |   ├── pedidos.py
|   ├── models/
|   |   ├── usuario.py
|   |   ├── produto.py
|   |   ├── pedido.py
|   ├── services/
|   |   ├── usuario_service.py
|   |   ├── produto_service.py
|   |   ├── pedido_service.py
|   ├── database.py
|── venv/
|── requirements.txt
|── .gitignore
```

A pasta routers armazena as definições de rotas organizadas por contexto. A pasta models contém os modelos de dados utilizados pelo Pydantic para validação. A pasta services separa a lógica de negócios da camada de roteamento, evitando que endpoints contenham regras complexas. O arquivo database.py gerencia a conexão com o banco de dados.

Essa estrutura permite que novos módulos sejam adicionados sem impactar a organização existente.

Exemplos de Estrutura Recomendada

Um endpoint básico para gerenciar produtos pode ser definido dentro do arquivo produtos.py na pasta routers:

python

```python
from fastapi import APIRouter

router = APIRouter()

@router.get("/produtos")
def listar_produtos():
    return [{"id": 1, "nome": "Notebook"}, {"id": 2, "nome": "Smartphone"}]
```

No arquivo main.py, o roteador de produtos deve ser registrado:

python

```python
from fastapi import FastAPI
from app.routers import produtos

app = FastAPI()

app.include_router(produtos.router)
```

Se a aplicação necessitar de funcionalidades mais avançadas, como conexão com banco de dados ou regras de negócio, o código das rotas pode ser mantido mais limpo ao delegar a lógica para a camada de serviços.

Exemplo de separação entre rotas e regras de negócio utilizando um service:

No arquivo services/produto_service.py:

python

```python
def obter_produtos():
    return [{"id": 1, "nome": "Notebook"}, {"id": 2, "nome": "Smartphone"}]
```

No arquivo routers/produtos.py:

python

```
from fastapi import APIRouter
from app.services.produto_service import obter_produtos

router = APIRouter()

@router.get("/produtos")
def listar_produtos():
    return obter_produtos()
```

Essa organização mantém o código mais modular e facilita testes, manutenção e futuras expansões.

Resolução de Erros Comuns

Erro: Módulo não encontrado ao registrar uma rota

Mensagem: ModuleNotFoundError: No module named 'app.routers.produtos'
Causa: O caminho do módulo está incorreto ou não foi registrado corretamente.
Solução: Verificar se o import está correto e se o arquivo está dentro da pasta apropriada.

Erro: Duplicação de rotas ao incluir um roteador

Mensagem: Duplicate route function for URL path
Causa: O mesmo roteador foi incluído mais de uma vez no main.py.
Solução: Garantir que cada roteador seja registrado apenas uma vez no app.include_router().

Erro: Função de rota não retorna um dicionário JSON válido

Mensagem: TypeError: Object of type 'function' is not JSON serializable

Causa: A função da rota está retornando um objeto não serializável.

Solução: Certificar-se de que a resposta seja um dicionário ou uma lista.

Boas Práticas

A modularização da API é essencial para manter a escalabilidade e organização do projeto. Algumas boas práticas incluem:

- Criar um arquivo de rota separado para cada funcionalidade principal do sistema.

- Utilizar a estrutura routers para segmentar os endpoints.

- Manter a lógica de negócios em arquivos de serviços, garantindo que as rotas fiquem focadas apenas na interação com o cliente.

- Utilizar APIRouter para registrar rotas, evitando que todas fiquem centralizadas no main.py.

- Garantir que os modelos de dados sejam organizados e bem definidos para facilitar a validação.

- Separar a camada de acesso a dados da lógica de negócio, garantindo flexibilidade para futuras alterações.

FastAPI tem sido amplamente adotado para desenvolvimento de sistemas de grande porte, incluindo aplicações financeiras, APIs de inteligência artificial e sistemas de e-commerce. Empresas que necessitam de APIs escaláveis e seguras utilizam a estrutura modular para garantir manutenibilidade e organização.

Resumo Estratégico

A organização correta do código utilizando APIRouter permite que aplicações FastAPI cresçam sem comprometer a manutenção e escalabilidade. Projetos bem estruturados evitam confusão e possibilitam a expansão sem dificuldades. Com essa base estabelecida, é possível avançar para o desenvolvimento de APIs mais complexas, incluindo integração com bancos de dados, autenticação e otimização de desempenho.

Ao aplicar essas práticas desde o início, o desenvolvimento se torna mais eficiente, organizado e preparado para futuras melhorias, garantindo um código limpo e modularizado.

CAPÍTULO 5. DATA MODELS COM PYDANTIC

A validação de dados é um dos aspectos mais críticos no desenvolvimento de APIs. A entrada de informações inconsistentes ou inesperadas pode comprometer a segurança e a integridade do sistema. O FastAPI utiliza o Pydantic para garantir que os dados enviados pelos clientes sejam devidamente validados antes de serem processados.

A tipagem estática do Python, combinada com os recursos do Pydantic, permite que as APIs do FastAPI realizem validações automáticas, evitando a necessidade de verificações manuais. Além disso, o Pydantic oferece uma estrutura eficiente para definir modelos de dados que representam tanto entradas quanto saídas da API, assegurando que todas as informações manipuladas estejam no formato correto.

Pydantic para Validação de Dados

O Pydantic é uma biblioteca projetada para fornecer validação de dados robusta e baseada em tipagem. Ele permite que os desenvolvedores definam modelos de entrada e saída, garantindo que qualquer dado recebido ou retornado pela API atenda aos requisitos estabelecidos.

A principal vantagem é sua integração nativa com o FastAPI, permitindo que a validação ocorra automaticamente, sem necessidade de implementar verificações manuais em cada endpoint.

Para utilizar o Pydantic, é necessário importá-lo e definir um modelo de dados. O exemplo abaixo demonstra um modelo para representar um usuário:

python

```
from pydantic import BaseModel

class Usuario(BaseModel):
    nome: str
    idade: int
    email: str
```

Esse modelo define que um usuário deve conter três atributos: nome, idade e email. Se algum dado enviado para a API não atender a essas definições, o FastAPI automaticamente retornará um erro de validação.

Um endpoint que utiliza esse modelo pode ser criado da seguinte forma:

python

```
from fastapi import FastAPI
from pydantic import BaseModel

app = FastAPI()

class Usuario(BaseModel):
    nome: str
    idade: int
    email: str

@app.post("/usuarios/")
def criar_usuario(usuario: Usuario):
    return {"mensagem": f"Usuário {usuario.nome} criado com sucesso"}
```

Quando um cliente envia um JSON para esse endpoint, o FastAPI valida os dados antes que a função seja executada.

Se o JSON estiver correto, a API retorna uma mensagem confirmando a criação do usuário. Se faltar algum campo ou se um tipo incorreto for enviado, o FastAPI retorna um erro automaticamente, informando quais campos estão inválidos.

Diferenças entre Modelos de Entrada e Saída

Os modelos do Pydantic podem ser utilizados tanto para validar dados recebidos pela API quanto para formatar a saída retornada ao cliente. Em alguns casos, é necessário que a estrutura dos dados enviados seja diferente dos dados retornados.

No modelo a seguir, a API recebe as informações do usuário e retorna um modelo com um campo adicional de ID:

python

```python
from pydantic import BaseModel
from uuid import uuid4

class UsuarioEntrada(BaseModel):
    nome: str
    idade: int
    email: str

class UsuarioSaida(BaseModel):
    id: str
    nome: str
    idade: int
    email: str

@app.post("/usuarios/", response_model=UsuarioSaida)
def criar_usuario(usuario: UsuarioEntrada):
    return UsuarioSaida(id=str(uuid4()), **usuario.dict())
```

O código define dois modelos distintos. O modelo UsuarioEntrada valida os dados recebidos, enquanto UsuarioSaida adiciona um identificador único antes de retornar a resposta ao cliente. A API garante que os dados enviados e recebidos sigam as regras definidas nos modelos, evitando inconsistências.

A utilização de modelos distintos para entrada e saída melhora a segurança e organização do código, além de permitir a formatação de dados retornados pela API de acordo com as necessidades do sistema.

Validação e Constraints

O Pydantic permite definir regras mais rígidas para os dados, garantindo que somente valores aceitáveis sejam processados pela API. Tais restrições são úteis para validar campos como números mínimos e máximos, formatos de strings e padrões específicos.

O trecho abaixo demonstra um modelo com validações:

python

```
from pydantic import BaseModel, Field, EmailStr

class Usuario(BaseModel):
    nome: str = Field(..., min_length=3, max_length=50)
    idade: int = Field(..., gt=0, lt=120)
    email: EmailStr
```

- O nome deve ter no mínimo 3 e no máximo 50 caracteres.

- A idade precisa ser maior que 0 e menor que 120.

- O email deve seguir um formato válido.

Se um cliente tentar enviar dados inválidos, a API automaticamente retorna uma mensagem de erro detalhando o problema.

Outra funcionalidade útil do Pydantic é a possibilidade de criar validadores personalizados. O exemplo abaixo demonstra um validador que garante que a senha de um usuário contenha pelo menos um caractere especial:

python

```python
from pydantic import BaseModel, validator

class Usuario(BaseModel):
    nome: str
    senha: str

    @validator("senha")
    def validar_senha(cls, v):
        if not any(char in "!@#$%^&*()" for char in v):
            raise ValueError("A senha deve conter pelo menos um caractere especial")
        return v
```

Se a senha enviada não atender a esse critério, a API retorna um erro informando que o campo não está no formato esperado.

Resolução de Erros Comuns

Erro: Dados ausentes no corpo da requisição

Mensagem: 422 Unprocessable Entity
Causa: O cliente enviou um JSON incompleto.
Solução: Certificar-se de que todos os campos obrigatórios estão presentes na requisição.

Erro: Tipo de dado inválido enviado para a API

Mensagem: 422 Unprocessable Entity
Causa: O cliente enviou um valor com tipo incorreto.
Solução: Verificar se os tipos dos dados enviados correspondem aos definidos no modelo Pydantic.

Erro: Campo de email inválido

Mensagem: value is not a valid email address
Causa: O email enviado não está no formato correto.
Solução: Validar o formato do email antes de enviar a requisição ou utilizar EmailStr no modelo Pydantic.

Erro: Falha ao definir restrições em um campo

Mensagem: TypeError: Field() takes no keyword arguments
Causa: O Field foi usado de forma incorreta.
Solução: Conferir a sintaxe correta ao definir restrições no modelo.

Boas Práticas

O uso correto do Pydantic melhora a qualidade e a segurança das APIs desenvolvidas com FastAPI. Algumas boas práticas incluem:

- Definir modelos distintos para entrada e saída, garantindo que a API retorne apenas os dados necessários.

- Utilizar o Field para validar dados numéricos e strings, evitando entradas inconsistentes.

- Implementar validadores personalizados para campos que exigem regras específicas.

- Organizar os modelos em arquivos separados para melhorar a manutenibilidade.

- Documentar as regras de validação para que os consumidores da API saibam como enviar requisições corretamente.

FastAPI é amplamente utilizado para desenvolvimento de APIs de serviços financeiros, comércio eletrônico e sistemas de autenticação. A validação de dados com Pydantic garante que essas aplicações sejam seguras, minimizando falhas causadas por entradas malformadas.

Resumo Estratégico

O Pydantic é uma ferramenta essencial para garantir que os dados manipulados pela API estejam corretos e seguros. A utilização de modelos bem estruturados simplifica a validação, melhora a organização do código e reduz a necessidade de verificações manuais. A implementação correta desses conceitos permite que APIs sejam desenvolvidas com maior eficiência e confiabilidade.

A partir desse ponto, a API está preparada para lidar com dados estruturados de forma robusta. A validação automática reduz riscos e melhora a experiência de desenvolvimento, tornando FastAPI uma das melhores opções para a construção de APIs modernas. Com a base de validação estabelecida, é possível avançar para a implementação de operações CRUD e integração com bancos de dados, garantindo que a API possa armazenar e manipular dados de forma eficiente e escalável.

CAPÍTULO 6. MÉTODOS HTTP E OPERAÇÕES CRUD

O desenvolvimento de APIs modernas exige um entendimento sólido sobre os métodos HTTP e a implementação de operações CRUD. Esses conceitos são fundamentais para estruturar APIs eficientes e escaláveis. O FastAPI oferece suporte nativo aos métodos HTTP e permite a criação de endpoints organizados e seguros para manipulação de dados.

CRUD é um acrônimo para Create, Read, Update e Delete, representando as operações essenciais para manipulação de registros em um banco de dados. Cada uma dessas operações é associada a um método HTTP específico, garantindo que a API siga padrões amplamente adotados na indústria.

Os métodos HTTP definem a ação que uma requisição realizará no servidor. Os métodos mais utilizados são:

- GET: utilizado para recuperar dados.

- POST: utilizado para criar novos registros.

- PUT: utilizado para atualizar registros existentes.

- DELETE: utilizado para remover registros.

- PATCH: utilizado para atualizações parciais.

Cada um desses métodos desempenha um papel importante

na implementação de APIs organizadas e previsíveis. FastAPI permite que os desenvolvedores definam rotas para cada método HTTP e implementem operações CRUD de maneira estruturada.

Métodos GET, POST, PUT, DELETE e PATCH

Criando um endpoint GET:

O método GET é utilizado para recuperar informações de um servidor. No FastAPI, um endpoint GET pode ser definido de forma simples:

python

```
from fastapi import FastAPI

app = FastAPI()

@app.get("/produtos")
def listar_produtos():
    return [{"id": 1, "nome": "Notebook"}, {"id": 2, "nome":
"Smartphone"}]
```

Ao acessar a URL /produtos, a API retorna uma lista de produtos em formato JSON. Esse método é seguro para consultas e não altera dados no servidor.

Criando um endpoint POST:

O método POST é utilizado para criar novos registros no servidor. Para receber dados no corpo da requisição, é necessário utilizar modelos do Pydantic:

python

```
from pydantic import BaseModel

class Produto(BaseModel):
    nome: str
    preco: float
```

```python
@app.post("/produtos")
def criar_produto(produto: Produto):
    return {"mensagem": f"Produto {produto.nome} criado com sucesso"}
```

A API espera um JSON contendo os dados do novo produto. Se um cliente enviar um JSON inválido, a API retorna automaticamente um erro informando os campos obrigatórios e seus tipos esperados.

Criando um endpoint PUT:

O método PUT é utilizado para atualizar registros existentes. Ele requer que todos os campos do registro sejam enviados novamente.

python

```python
@app.put("/produtos/{produto_id}")
def atualizar_produto(produto_id: int, produto: Produto):
    return {"mensagem": f"Produto {produto_id} atualizado para {produto.nome}"}
```

A URL inclui um parâmetro produto_id, que identifica o registro a ser atualizado. O corpo da requisição deve conter os novos valores do produto.

Criando um endpoint DELETE:

O método DELETE remove um registro do servidor. Como boas práticas de segurança, recomenda-se solicitar confirmação antes de executar essa ação.

python

```python
@app.delete("/produtos/{produto_id}")
def deletar_produto(produto_id: int):
    return {"mensagem": f"Produto {produto_id} removido"}
```

O uso do método DELETE deve ser feito com cautela, pois ele remove dados permanentemente do sistema.

Criando um endpoint PATCH:

O método PATCH permite atualizações parciais. Diferente do PUT, que exige todos os campos, o PATCH permite atualizar apenas um campo específico.

python

```python
from typing import Optional

class ProdutoParcial(BaseModel):
    nome: Optional[str] = None
    preco: Optional[float] = None

@app.patch("/produtos/{produto_id}")
def atualizar_parcialmente(produto_id: int, produto:
ProdutoParcial):
    return {"mensagem": f"Produto {produto_id} atualizado
parcialmente"}
```

Se um cliente enviar apenas o campo preco, a API atualizará apenas esse valor sem modificar os outros atributos do produto.

Criação de Operações CRUD em FastAPI

Para demonstrar a implementação completa de um CRUD, será criado um sistema básico de gerenciamento de produtos. Cada produto terá um identificador único, nome e preço.

Para armazenar os produtos, será utilizada uma lista simulando um banco de dados:

python

```python
produtos = []
```

Criando um produto (POST):

python

```
@app.post("/produtos")
def criar_produto(produto: Produto):
    novo_id = len(produtos) + 1
    novo_produto = {"id": novo_id, **produto.dict()}
    produtos.append(novo_produto)
    return novo_produto
```

Cada novo produto recebe um ID único e é adicionado à lista de produtos.

Listando todos os produtos (GET):

python

```
@app.get("/produtos")
def listar_produtos():
    return produtos
```

Buscando um produto específico (GET):

python

```
@app.get("/produtos/{produto_id}")
def obter_produto(produto_id: int):
    for produto in produtos:
        if produto["id"] == produto_id:
            return produto
    return {"erro": "Produto não encontrado"}
```

Esse endpoint verifica se o produto existe antes de retorná-lo.

Atualizando um produto (PUT):

python

```python
@app.put("/produtos/{produto_id}")
def atualizar_produto(produto_id: int, produto: Produto):
    for p in produtos:
        if p["id"] == produto_id:
            p.update(produto.dict())
            return p
    return {"erro": "Produto não encontrado"}
```

O método PUT substitui os dados antigos pelos novos fornecidos na requisição.

Removendo um produto (DELETE):
python

```python
@app.delete("/produtos/{produto_id}")
def deletar_produto(produto_id: int):
    global produtos
    produtos = [p for p in produtos if p["id"] != produto_id]
    return {"mensagem": "Produto removido"}
```

O produto é filtrado e removido da lista, simulando uma exclusão de banco de dados.

Resolução de Erros Comuns

Erro: Parâmetro de rota ausente

Mensagem: 422 Unprocessable Entity
Causa: O usuário não forneceu um valor esperado na URL.
Solução: Garantir que a requisição contenha os parâmetros necessários.

Erro: Tipo de dado inválido

Mensagem: value is not a valid integer
Causa: O usuário enviou um texto onde era esperado um

número.

Solução: Definir corretamente os tipos de dados nos modelos e parâmetros de rota.

Erro: Produto não encontrado

Mensagem: {"erro": "Produto não encontrado"}

Causa: O ID fornecido não corresponde a nenhum registro existente.

Solução: Verificar se o produto foi criado corretamente antes de tentar acessá-lo.

Erro: Tentativa de deletar um produto inexistente

Mensagem: {"erro": "Produto não encontrado"}

Causa: O ID passado na requisição não corresponde a um produto existente.

Solução: Implementar verificações antes de remover registros.

Boas Práticas

Para desenvolver um CRUD eficiente, algumas boas práticas devem ser seguidas:

- Utilizar validação de entrada para garantir que os dados recebidos sejam consistentes.

- Implementar tratamento de erros para evitar falhas inesperadas.

- Separar a lógica de negócio da camada de rotas para manter o código organizado.

- Utilizar bancos de dados reais em vez de listas em memória para armazenamento persistente.

- Adotar autenticação e autorização para proteger endpoints sensíveis.

FastAPI é amplamente utilizado na construção de APIs para comércio eletrônico, sistemas financeiros e serviços de streaming. A implementação correta de operações CRUD garante que os sistemas possam manipular dados de forma segura e eficiente.

Resumo Estratégico

A construção de APIs REST eficientes depende de uma implementação estruturada de operações CRUD. O FastAPI facilita esse processo ao fornecer suporte nativo para métodos HTTP e validação automática de dados. Com esses conceitos bem estabelecidos, a API estará preparada para manipular registros de maneira organizada e segura.

A integração com bancos de dados será o próximo passo natural para transformar a API em um sistema robusto e pronto para produção. Aplicações reais exigem armazenamento persistente e otimizações para lidar com grandes volumes de dados, garantindo que a API possa crescer e se adaptar às demandas do mercado.

CAPÍTULO 7. MANIPULAÇÃO DE FORMULÁRIOS E QUERY PARAMETERS

A comunicação entre clientes e servidores envolve o envio e a recepção de dados em diversos formatos. APIs modernas precisam ser flexíveis para processar informações enviadas via formulários e parâmetros de consulta na URL. O FastAPI oferece suporte completo para receber e validar dados enviados por meio de formulários, query parameters e path parameters, garantindo eficiência e segurança no tratamento dessas requisições.

A correta manipulação desses métodos permite que a API processe entradas do usuário de maneira dinâmica, aplicando regras de validação para evitar erros e garantir consistência nos dados recebidos.

Envio e Recepção de Dados via Formulários

Formulários HTML são amplamente utilizados para envio de informações em aplicações web. O FastAPI permite processar esses dados com facilidade, utilizando a classe Form do módulo fastapi.

Quando um formulário é enviado via método POST, os dados são enviados no corpo da requisição utilizando o formato application/x-www-form-urlencoded. Para que o FastAPI reconheça esse formato, os campos do formulário devem ser declarados utilizando a classe Form.

O exemplo abaixo demonstra um endpoint que recebe dados de

um formulário de login:

python

```
from fastapi import FastAPI, Form

app = FastAPI()

@app.post("/login")
def autenticar_usuario(username: str = Form(...), password: str
= Form(...)):
    return {"mensagem": f"Usuário {username} autenticado com
sucesso"}
```

O parâmetro Form define que os valores devem ser extraídos do corpo da requisição no formato de formulário. Se um usuário enviar a requisição sem um dos campos obrigatórios, a API retornará automaticamente um erro informando a ausência do campo.

Envio de Múltiplos Valores em um Formulário

Em alguns casos, um formulário pode conter múltiplos valores para o mesmo campo. O FastAPI permite receber listas de valores enviados por meio de um formulário.

python

```
from typing import List

@app.post("/cadastro")
def cadastrar_usuario(hobbies: List[str] = Form(...)):
    return {"hobbies": hobbies}
```

Se um formulário enviar múltiplos valores no campo hobbies, a API os processará corretamente e retornará uma lista contendo todos os valores recebidos.

Query Parameters e Path Parameters

Os query parameters são utilizados para enviar informações opcionais na URL de uma requisição. Diferente dos path parameters, que fazem parte do caminho da URL, os query parameters são passados após o símbolo de interrogação (?).

Diferença entre Query Parameters e Path Parameters

Os path parameters são utilizados para identificar um recurso específico dentro da API. Já os query parameters são utilizados para filtrar ou modificar a resposta sem alterar a estrutura da URL.

Exemplo de uso de path parameters:

python

```
@app.get("/usuarios/{usuario_id}")
def obter_usuario(usuario_id: int):
    return {"id": usuario_id, "nome": "Usuário de teste"}
```

Ao acessar /usuarios/5, a API reconhecerá que o usuário desejado tem o ID 5.

De uso de query parameters:

python

```
@app.get("/usuarios")
def listar_usuarios(limit: int = 10, ativo: bool = True):
    return {"mensagem": f"Listando {limit} usuários, ativos: {ativo}"}
```

A URL /usuarios?limit=20&ativo=false modifica o comportamento da API, definindo um limite de 20 usuários e filtrando apenas aqueles que não estão ativos.

Tratamento de Dados Opcionais e Obrigatórios

Ao definir endpoints, pode ser necessário que certos parâmetros sejam opcionais, enquanto outros sejam obrigatórios. No

FastAPI, os parâmetros opcionais podem ser definidos atribuindo valores padrão.

python

```python
from typing import Optional

@app.get("/produtos")
def listar_produtos(categoria: Optional[str] = None):
    if categoria:
        return {"mensagem": f"Listando produtos da categoria {categoria}"}
    return {"mensagem": "Listando todos os produtos"}
```

Se a requisição não incluir o parâmetro categoria, a API retornará todos os produtos. Caso contrário, os produtos serão filtrados de acordo com a categoria especificada.

Tratamento de Múltiplos Parâmetros Opcionais

Caso uma API aceitar múltiplos parâmetros opcionais, a combinação entre eles pode influenciar a resposta retornada.

python

```python
@app.get("/pedidos")
def listar_pedidos(status: Optional[str] = None, cliente: Optional[str] = None):
    filtros = []
    if status:
        filtros.append(f"Status: {status}")
    if cliente:
        filtros.append(f"Cliente: {cliente}")

    if filtros:
        return {"mensagem": f"Filtrando pedidos por: {', '.join(filtros)}"}

    return {"mensagem": "Listando todos os pedidos"}
```

O **endpoint** /pedidos?status=pendente&cliente=Joao **resultará na mensagem** "Filtrando pedidos por: Status: pendente, Cliente: Joao".

Resolução de Erros comuns

Erro: Parâmetro de formulário ausente

Mensagem: 422 Unprocessable Entity
Causa: O cliente não enviou todos os campos obrigatórios do formulário.
Solução: Garantir que o formulário contenha todos os campos esperados e utilizar valores padrão para campos opcionais.

Erro: Parâmetro ausente na URL

Mensagem: TypeError: missing required parameter
Causa: A URL acessada não continha um path parameter esperado.
Solução: Utilizar parâmetros opcionais sempre que possível e retornar uma mensagem clara caso um parâmetro obrigatório não seja fornecido.

Erro: Tipo de dado incorreto

Mensagem: value is not a valid integer
Causa: O cliente enviou um valor string onde era esperado um número.
Solução: Garantir que os parâmetros esperados tenham seus tipos corretamente definidos e fornecer mensagens de erro claras ao usuário.

Erro: Erro de múltiplos valores no formulário

Mensagem: TypeError: list expected
Causa: A API esperava um único valor, mas recebeu uma lista.
Solução: Definir corretamente os tipos de dados ao lidar com listas em formulários.

Boas Práticas

A manipulação correta de formulários e parâmetros melhora a experiência do usuário e evita falhas na API. Algumas boas práticas incluem:

- Definir valores padrão para parâmetros opcionais, garantindo que a API sempre retorne uma resposta válida.

- Aplicar validações para evitar que dados inesperados sejam processados.

- Organizar os parâmetros da URL para que sejam intuitivos e fáceis de usar.

- Documentar as regras de envio de dados para que os clientes saibam como interagir com a API.

- Retornar mensagens de erro claras quando um parâmetro obrigatório estiver ausente ou for inválido.

APIs que lidam com formulários e parâmetros de URL são amplamente utilizadas em sistemas de e-commerce, dashboards administrativos e plataformas de gerenciamento de usuários. O correto tratamento desses elementos permite que aplicações sejam dinâmicas e flexíveis, respondendo de forma personalizada às solicitações dos usuários.

Resumo Estratégico

A manipulação de formulários e parâmetros de URL é essencial para a comunicação entre clientes e servidores. O FastAPI oferece recursos eficientes para lidar com essas interações de forma estruturada e segura.

O correto uso de query parameters e path parameters permite que APIs sejam flexíveis e personalizáveis, garantindo que os usuários possam enviar dados e realizar consultas de maneira eficiente. A aplicação de boas práticas, como validação de entradas e definição de parâmetros opcionais, melhora a experiência do usuário e a confiabilidade da API.

A implementação desses conceitos prepara a API para funcionalidades mais avançadas, como integração com bancos de dados e autenticação de usuários, permitindo que sistemas robustos sejam desenvolvidos com rapidez e segurança.

CAPÍTULO 8. UPLOAD DE ARQUIVOS E MANIPULAÇÃO DE IMAGENS

O processamento de arquivos é uma necessidade comum em APIs modernas, seja para permitir o envio de documentos, imagens ou qualquer outro tipo de mídia. O FastAPI oferece suporte completo para upload e manipulação de arquivos de forma eficiente e segura. Com a possibilidade de armazenar arquivos localmente ou em serviços externos, a flexibilidade desse recurso atende a uma ampla variedade de aplicações, desde sistemas de gerenciamento de conteúdo até APIs que realizam processamento de imagens em tempo real.

A correta manipulação de arquivos exige cuidados especiais com o armazenamento, validação e segurança. O tamanho do arquivo, o formato permitido e a forma como ele será tratado são fatores essenciais para garantir um desempenho adequado e evitar vulnerabilidades.

Configuração e Recebimento de Arquivos em FastAPI

O FastAPI permite que arquivos sejam enviados para a API utilizando o método POST. Para que a API reconheça corretamente um arquivo enviado, a requisição deve conter o tipo multipart/form-data, utilizado por formulários HTML para envio de arquivos.

O módulo UploadFile do FastAPI permite processar esses arquivos de forma eficiente, sem necessidade de carregá-los completamente na memória. Isso é especialmente útil para lidar com arquivos grandes, evitando que o servidor fique sobrecarregado.

A implementação de um endpoint para upload de arquivos pode ser feita utilizando a classe File, conforme demonstrado abaixo:

python

```python
from fastapi import FastAPI, File, UploadFile

app = FastAPI()

@app.post("/upload/")
async def upload_arquivo(arquivo: UploadFile = File(...)):
    return {"nome": arquivo.filename, "tipo":
arquivo.content_type, "tamanho": arquivo.size}
```

Quando um arquivo é enviado para esse endpoint, a API retorna informações sobre o nome, o tipo e o tamanho do arquivo. Essa abordagem é útil para validar os arquivos antes de armazená-los ou processá-los.

Salvando Arquivos Localmente ou em Serviços Externos

Após receber um arquivo, o próximo passo é decidir onde ele será armazenado. O FastAPI permite que os arquivos sejam salvos no servidor local ou enviados diretamente para serviços externos de armazenamento, como AWS S3, Google Cloud Storage e Azure Blob Storage.

Salvando arquivos localmente:

O exemplo demonstra como salvar um arquivo no disco local:

python

```python
@app.post("/upload/")
async def salvar_arquivo(arquivo: UploadFile = File(...)):
    caminho_arquivo = f"uploads/{arquivo.filename}"
    with open(caminho_arquivo, "wb") as buffer:
```

```python
        buffer.write(await arquivo.read())
    return {"mensagem": "Arquivo salvo com sucesso",
"caminho": caminho_arquivo}
```

O código lê os dados do arquivo e os grava no diretório uploads. Para garantir que a pasta esteja disponível, é recomendável verificar se ela existe antes de salvar o arquivo.

python

```python
import os

@app.post("/upload/")
async def salvar_arquivo(arquivo: UploadFile = File(...)):
    diretorio = "uploads"
    if not os.path.exists(diretorio):
        os.makedirs(diretorio)

    caminho_arquivo = os.path.join(diretorio, arquivo.filename)
    with open(caminho_arquivo, "wb") as buffer:
        buffer.write(await arquivo.read())

    return {"mensagem": "Arquivo salvo com sucesso",
"caminho": caminho_arquivo}
```

Esse método garante que a API não falhe caso a pasta de destino ainda não tenha sido criada.

Enviando arquivos para serviços de armazenamento na nuvem:

O armazenamento em serviços de nuvem oferece maior escalabilidade e segurança, evitando problemas de espaço em disco no servidor. Para enviar arquivos para o Amazon S3, por exemplo, a biblioteca boto3 pode ser utilizada.

python

```python
import boto3
```

```python
s3 = boto3.client("s3")

@app.post("/upload-s3/")
async def upload_s3(arquivo: UploadFile = File(...)):
    s3.upload_fileobj(arquivo.file, "meu-bucket-s3",
arquivo.filename)
    return {"mensagem": "Arquivo enviado para o S3", "arquivo":
arquivo.filename}
```

A abordagem descrita, permite armazenar arquivos diretamente na nuvem, garantindo que eles estejam disponíveis de forma segura e escalável.

Métodos para Tratamento Básico de Imagens

Além do armazenamento, algumas aplicações precisam processar imagens enviadas pelos usuários. Redimensionamento, compressão e conversão de formato são operações comuns em APIs que lidam com imagens.

A biblioteca Pillow pode ser utilizada para realizar esses processos de forma simples e eficiente.

Redimensionando uma imagem:
python

```python
from PIL import Image

@app.post("/resize/")
async def redimensionar_imagem(arquivo: UploadFile =
File(...)):
    imagem = Image.open(arquivo.file)
    imagem = imagem.resize((200, 200))
    caminho_saida = f"uploads/
redimensionada_{arquivo.filename}"
    imagem.save(caminho_saida)
```

```
    return {"mensagem": "Imagem redimensionada", "caminho":
caminho_saida}
```

O código redimensiona a imagem recebida para 200x200 pixels antes de salvá-la.

Convertendo o formato de uma imagem:

python

```
@app.post("/convert/")
async def converter_imagem(arquivo: UploadFile = File(...)):
    imagem = Image.open(arquivo.file)
    caminho_saida = f"uploads/{arquivo.filename.split('.')
[0]}.png"
    imagem.save(caminho_saida, "PNG")
    return {"mensagem": "Imagem convertida para PNG",
"caminho": caminho_saida}
```

Dessa forma, converte-se qualquer imagem recebida para o formato PNG, garantindo compatibilidade com diferentes plataformas.

Resolução de Erros Comuns

Erro: Tipo de arquivo não suportado

Mensagem: 422 Unprocessable Entity
Causa: O usuário enviou um arquivo de um tipo diferente do esperado.
Solução: Verificar o tipo do arquivo antes de processá-lo.

python

```
@app.post("/upload/")
async def validar_tipo_arquivo(arquivo: UploadFile = File(...)):
    tipos_permitidos = ["image/png", "image/jpeg"]
    if arquivo.content_type not in tipos_permitidos:
```

```
    return {"erro": "Tipo de arquivo não permitido"}
    return {"mensagem": "Arquivo válido"}
```

Erro: Tamanho do arquivo excede o limite permitido

Mensagem: 413 Request Entity Too Large
Causa: O usuário tentou enviar um arquivo muito grande.
Solução: Definir um limite de tamanho antes de processar o arquivo.

python

```python
@app.post("/upload/")
async def validar_tamanho_arquivo(arquivo: UploadFile =
File(...)):
    tamanho_maximo = 5 * 1024 * 1024  # 5 MB
    if arquivo.size > tamanho_maximo:
        return {"erro": "Arquivo excede o tamanho máximo
permitido"}
    return {"mensagem": "Arquivo dentro do limite permitido"}
```

Erro: Falha ao salvar o arquivo no servidor

Mensagem: OSError: [Errno 13] Permission denied
Causa: A API não tem permissão para gravar arquivos no diretório especificado.
Solução: Verificar as permissões da pasta e garantir que o usuário do servidor tenha acesso de escrita.

Boas Práticas

Ao lidar com upload e manipulação de arquivos, algumas boas práticas devem ser seguidas para garantir eficiência e segurança:

- **Validar os arquivos recebidos** para evitar o processamento de arquivos não suportados.

- **Definir limites de tamanho** para evitar sobrecarga do servidor.

- **Utilizar armazenamento externo** para manter escalabilidade e reduzir consumo de espaço em disco.

- **Criar diretórios dinâmicos** para organizar arquivos enviados por diferentes usuários.

- **Implementar logs de upload** para rastrear quem enviou arquivos e quando.

APIs que lidam com arquivos são amplamente utilizadas em sistemas de armazenamento de mídia, aplicações de reconhecimento facial, plataformas de comércio eletrônico e serviços de compartilhamento de documentos.

Resumo Estratégico

O upload de arquivos e o processamento de imagens são funcionalidades essenciais em muitas APIs. O FastAPI oferece suporte eficiente para lidar com esses processos, garantindo que arquivos possam ser recebidos, armazenados e manipulados de forma otimizada.

A aplicação de boas práticas na manipulação de arquivos melhora a segurança e o desempenho da API, garantindo que ela possa lidar com grandes volumes de dados sem comprometer a estabilidade. A integração com serviços externos de armazenamento permite que a API seja escalável, pronta para atender a demandas de alto tráfego e armazenamento distribuído.

CAPÍTULO 9. AUTENTICAÇÃO E AUTORIZAÇÃO

A segurança é um dos pilares fundamentais no desenvolvimento de APIs. Qualquer sistema que lide com informações sensíveis precisa garantir que apenas usuários autorizados tenham acesso aos recursos corretos. Dois conceitos principais definem esse processo: autenticação e autorização.

Autenticação é o processo de verificar a identidade de um usuário, garantindo que ele é quem diz ser. Isso geralmente é feito através de credenciais como e-mail e senha, tokens de acesso ou integrações com serviços de autenticação.

Autorização define quais recursos um usuário pode acessar após ser autenticado. Um usuário pode estar autenticado, mas sem permissão para realizar determinadas ações dentro da API.

O FastAPI fornece suporte nativo para autenticação e autorização utilizando JWT e OAuth2, garantindo que APIs possam implementar segurança robusta sem necessidade de soluções externas complexas.

Introdução à segurança em APIs

Os métodos mais comuns de autenticação e autorização incluem:

- **JWT (JSON Web Token)**: um padrão amplamente utilizado para autenticação baseada em tokens, permitindo que a API valide usuários sem armazenar sessões no servidor.

- **OAuth2**: protocolo de autorização que permite que

usuários concedam acesso a aplicativos sem compartilhar suas credenciais diretamente.

- **Hashing de senhas**: processo de criptografar senhas antes de armazená-las, garantindo que não possam ser recuperadas em caso de vazamento de dados.

A autenticação baseada em JWT é uma das abordagens mais eficientes para APIs modernas. Quando um usuário faz login, a API gera um token JWT, que deve ser enviado em todas as requisições subsequentes para acessar recursos protegidos.

Implementando um Sistema de Login e Controle de Acesso

O primeiro passo para implementar autenticação segura em FastAPI é criar um sistema de login que valide credenciais e gere um token JWT.

Para garantir que as senhas dos usuários sejam armazenadas de forma segura, elas devem ser criptografadas utilizando a biblioteca passlib.

python

```
from passlib.context import CryptContext

pwd_context = CryptContext(schemes=["bcrypt"],
deprecated="auto")

def hash_senha(senha: str):
    return pwd_context.hash(senha)

def verificar_senha(senha: str, hash_senha: str):
    return pwd_context.verify(senha, hash_senha)
```

A função hash_senha transforma a senha original em um hash seguro antes de armazená-la no banco de dados. A função verificar_senha compara uma senha digitada com seu respectivo hash, garantindo que a autenticação seja feita sem expor senhas reais.

Criando um modelo de usuário:

Para gerenciar usuários, um modelo Pydantic pode ser utilizado:

python

```
from pydantic import BaseModel

class Usuario(BaseModel):
    username: str
    senha: str
```

O modelo será utilizado para validar os dados enviados no processo de autenticação.

Gerando um token JWT:

O JWT é composto por três partes: cabeçalho, payload e assinatura. O cabeçalho define o algoritmo de criptografia, o payload contém as informações do usuário e a assinatura garante que o token não foi alterado.

A biblioteca PyJWT pode ser utilizada para gerar e validar tokens JWT:

python

```
import jwt
from datetime import datetime, timedelta

SEGREDO_JWT = "segredo_super_secreto"

def criar_token_jwt(dados: dict):
    expiracao = datetime.utcnow() + timedelta(hours=1)
    dados.update({"exp": expiracao})
    return jwt.encode(dados, SEGREDO_JWT,
algorithm="HS256")
```

```python
def verificar_token_jwt(token: str):
    try:
        return jwt.decode(token, SEGREDO_JWT,
algorithms=["HS256"])
    except jwt.ExpiredSignatureError:
        return None
    except jwt.InvalidTokenError:
        return None
```

O token gerado tem validade de 1 hora, garantindo que os usuários precisem renovar suas credenciais periodicamente.

Criando um endpoint de login:

O endpoint de login verifica as credenciais do usuário e retorna um token JWT caso os dados estejam corretos.

python

```python
from fastapi import FastAPI, Depends, HTTPException
from fastapi.security import OAuth2PasswordBearer,
OAuth2PasswordRequestForm

app = FastAPI()

oauth2_esquema = OAuth2PasswordBearer(tokenUrl="token")

usuarios_fake = {
    "usuario1": {"username": "usuario1", "senha":
hash_senha("senha123")}
}

@app.post("/token")
def login(form_data: OAuth2PasswordRequestForm =
Depends()):
    usuario = usuarios_fake.get(form_data.username)
    if not usuario or not verificar_senha(form_data.password,
usuario["senha"]):
```

```
    raise HTTPException(status_code=400, detail="Usuário
ou senha incorretos")

    token = criar_token_jwt({"sub": usuario["username"]})
    return {"access_token": token, "token_type": "bearer"}
```

O endpoint espera que o usuário envie um nome de usuário e senha. Se as credenciais estiverem corretas, um token JWT é gerado e retornado ao cliente.

Protegendo endpoints com autenticação:

Com o sistema de login implementado, é possível restringir o acesso a determinadas rotas utilizando a autenticação por token.

python

```
from fastapi import Depends

def obter_usuario_atual(token: str =
Depends(oauth2_esquema)):
    credenciais = verificar_token_jwt(token)
    if not credenciais:
        raise HTTPException(status_code=401, detail="Token
inválido ou expirado")
    return credenciais

@app.get("/dados-seguros")
def dados_protegidos(usuario: dict =
Depends(obter_usuario_atual)):
    return {"mensagem": "Bem-vindo, seu acesso foi autorizado"}
```

A função obter_usuario_atual decodifica o token e verifica se ele é válido. Se o token for inválido ou expirado, a API retorna um erro de acesso não autorizado.

Integração com Pacotes de Segurança Prontos

FastAPI oferece suporte nativo para integração com pacotes de segurança prontos, incluindo autenticação via OAuth2.

A implementação do OAuth2 pode ser feita utilizando OAuth2PasswordBearer, garantindo que a API possa aceitar tokens de provedores externos como Google, Facebook e GitHub.

python

```
oauth2_esquema = OAuth2PasswordBearer(tokenUrl="token")

@app.get("/usuario/")
def obter_usuario(token: str = Depends(oauth2_esquema)):
    return {"token recebido": token}
```

Tal método permite que a API aceite tokens de autenticação externos, facilitando a integração com serviços de identidade já existentes.

Resolução de Erros Comuns

Erro: Senha armazenada sem hashing

Mensagem: Insecure password storage
Causa: A senha foi armazenada em texto puro, tornando o sistema vulnerável a ataques.
Solução: Sempre aplicar hashing antes de armazenar senhas no banco de dados.

Erro: Token expirado

Mensagem: 401 Unauthorized
Causa: O token JWT expirou e não é mais válido.
Solução: Implementar um sistema de renovação de token ou aumentar o tempo de expiração.

Erro: Token inválido

Mensagem: Signature verification failed
Causa: O token foi alterado ou não é reconhecido pelo servidor.

Solução: Garantir que a chave secreta utilizada para assinar os tokens seja mantida segura.

Erro: Usuário não encontrado

Mensagem: 400 Bad Request
Causa: O nome de usuário informado não existe na base de dados.
Solução: Retornar mensagens genéricas para evitar exposição de dados, como "Usuário ou senha incorretos".

Boas Práticas

Implementar autenticação e autorização corretamente melhora a segurança da API e protege dados sensíveis. Algumas boas práticas incluem:

- **Sempre armazenar senhas criptografadas** para evitar vazamentos.

- **Definir tempos de expiração curtos para tokens JWT** e implementar renovação segura.

- **Utilizar variáveis de ambiente para armazenar chaves secretas**, evitando exposição no código-fonte.

- **Validar e registrar tentativas de login** para detectar acessos suspeitos.

- **Integrar autenticação com provedores confiáveis** para reduzir riscos.

APIs seguras são utilizadas em aplicações bancárias, sistemas de gestão de usuários, plataformas de comércio eletrônico e serviços corporativos. A correta implementação de autenticação e autorização garante que apenas usuários autorizados possam acessar recursos sensíveis da aplicação.

Resumo Estratégico

A autenticação e a autorização são fundamentais para garantir a segurança de APIs. A utilização de tokens JWT e integração com OAuth2 permitem que sistemas gerenciem acessos de forma eficiente. Aplicar boas práticas de segurança protege usuários e evita falhas que possam comprometer a integridade dos dados. A implementação de autenticação robusta é um passo essencial para tornar APIs seguras, escaláveis e preparadas para aplicações empresariais.

CAPÍTULO 10. BANCO DE DADOS COM FASTAPI

A persistência de dados é um dos pilares fundamentais no desenvolvimento de aplicações web. APIs modernas precisam de um banco de dados eficiente para armazenar informações de forma estruturada e confiável. O FastAPI permite a integração com bancos de dados relacionais, como PostgreSQL e MySQL, garantindo uma camada robusta para o gerenciamento de informações.

Para facilitar a manipulação de dados, o FastAPI pode ser integrado com Object-Relational Mappers (ORMs), como o SQLAlchemy. Essa abordagem simplifica a interação com o banco de dados, permitindo que consultas e operações sejam realizadas utilizando classes e objetos Python em vez de comandos SQL diretos.

A correta configuração do banco de dados, a escolha do ORM e a definição de boas práticas são fatores determinantes para garantir segurança, performance e escalabilidade.

Conexão a Bancos de Dados Relacionais

O FastAPI pode se conectar a diversos bancos de dados relacionais utilizando drivers específicos. O PostgreSQL e o MySQL são dois dos sistemas mais utilizados para armazenamento de dados estruturados, e ambos podem ser facilmente integrados ao FastAPI.

Para conectar um banco de dados PostgreSQL à aplicação, a biblioteca asyncpg pode ser utilizada junto com SQLAlchemy. A instalação pode ser feita com o seguinte comando:

nginx

```
pip install sqlalchemy asyncpg psycopg2
```

A string de conexão com o PostgreSQL deve conter o usuário, senha, host, porta e nome do banco de dados.

python

```
DATABASE_URL = "postgresql+asyncpg://
usuario:senha@localhost:5432/meubanco"
```

O mesmo princípio se aplica ao MySQL, utilizando o driver aiomysql:

nginx

```
pip install aiomysql
```

A string de conexão para MySQL segue o formato:

python

```
DATABASE_URL = "mysql+aiomysql://
usuario:senha@localhost:3306/meubanco"
```

Essas configurações permitem que o FastAPI se comunique diretamente com o banco de dados, garantindo que as operações de leitura e escrita possam ser realizadas de maneira eficiente.

Integração com ORMs

O SQLAlchemy é um dos ORMs mais utilizados no desenvolvimento com Python, permitindo a manipulação de dados através de classes e objetos. Ele oferece suporte a operações assíncronas, garantindo que consultas e transações não bloqueiem a execução da API.

A instalação do SQLAlchemy pode ser feita com:

nginx

```
pip install sqlalchemy alembic
```

Após a instalação, o SQLAlchemy pode ser configurado para gerenciar a conexão com o banco de dados.

python

```
from sqlalchemy.ext.asyncio import AsyncSession,
create_async_engine
from sqlalchemy.orm import sessionmaker

DATABASE_URL = "postgresql+asyncpg://
usuario:senha@localhost:5432/meubanco"

engine = create_async_engine(DATABASE_URL, echo=True)
SessionLocal = sessionmaker(autocommit=False,
autoflush=False, bind=engine, class_=AsyncSession)
```

O engine é responsável pela conexão com o banco de dados, enquanto a SessionLocal gerencia as sessões para a execução de consultas.

Definição de Modelos de Dados

Os modelos no SQLAlchemy são definidos utilizando classes Python, permitindo que cada tabela do banco de dados seja representada como uma classe.

python

```
from sqlalchemy import Column, Integer, String
from sqlalchemy.ext.declarative import declarative_base

Base = declarative_base()
```

```python
class Usuario(Base):
    __tablename__ = "usuarios"

    id = Column(Integer, primary_key=True, index=True)
    nome = Column(String, index=True)
    email = Column(String, unique=True, index=True)
```

Tal abordagem permite que consultas sejam realizadas utilizando objetos Python, tornando o código mais organizado e seguro.

Configurações Iniciais de Persistência de Dados

Para garantir que os modelos definidos sejam refletidos no banco de dados, é necessário criar a estrutura das tabelas. O SQLAlchemy permite a criação automática das tabelas utilizando o comando:

python

```python
from sqlalchemy.ext.asyncio import AsyncSession
import asyncio

async def criar_banco():
    async with engine.begin() as conn:
        await conn.run_sync(Base.metadata.create_all)

asyncio.run(criar_banco())
```

O código cria as tabelas no banco de dados com base nos modelos definidos.

Criando um Repositório para Manipulação de Dados

A utilização de repositórios melhora a organização do código ao separar a lógica de acesso a dados dos endpoints da API.

python

```
from sqlalchemy.future import select

async def buscar_usuario_por_email(db: AsyncSession, email:
str):
    resultado = await
db.execute(select(Usuario).filter(Usuario.email == email))
    return resultado.scalars().first()
```

Assim permite-se que a lógica de banco de dados seja mantida separada das rotas da API, garantindo modularidade e manutenibilidade.

Resolução Erros Comuns

Erro: Conexão com o banco de dados falhou

Mensagem: Connection refused
Causa: O banco de dados não está em execução ou a string de conexão está incorreta.
Solução: Verificar se o banco de dados está ativo e se os parâmetros de conexão estão corretos.

Erro: Tabela não encontrada

Mensagem: relation "usuarios" does not exist
Causa: As tabelas não foram criadas corretamente no banco de dados.
Solução: Garantir que o comando Base.metadata.create_all() foi executado corretamente.

Erro: Tentativa de inserir um email duplicado

Mensagem: IntegrityError: UNIQUE constraint failed
Causa: O email inserido já existe no banco de dados.
Solução: Implementar verificações antes de inserir novos registros e tratar erros de unicidade.

Erro: Exceção de bloqueio de sessão

Mensagem: Session is already in use

Causa: A sessão está sendo reutilizada incorretamente.

Solução: Garantir que cada operação utilize uma nova instância da sessão.

Boas Práticas

A integração do FastAPI com bancos de dados deve seguir algumas boas práticas para garantir segurança e desempenho:

- **Utilizar conexões assíncronas** para evitar bloqueios na execução da API.

- **Separar a camada de acesso a dados em repositórios**, garantindo modularidade e organização.

- **Definir índices e constraints no banco de dados** para melhorar a performance das consultas.

- **Utilizar migrações de banco de dados** para garantir que as alterações na estrutura sejam aplicadas corretamente.

- **Implementar logs e monitoramento** para identificar gargalos de desempenho e falhas na API.

Bancos de dados são amplamente utilizados em aplicações de e-commerce, sistemas financeiros e plataformas de gestão. A correta configuração e manutenção da base de dados garante que a API seja escalável e capaz de lidar com grandes volumes de informações.

Resumo Estratégico

A persistência de dados é um dos aspectos mais importantes no desenvolvimento de APIs robustas. A integração do FastAPI com bancos de dados relacionais utilizando SQLAlchemy permite que informações sejam armazenadas e recuperadas de forma eficiente e segura.

A utilização de conexões assíncronas, a separação da camada de acesso a dados e a implementação de migrações, melhora a organização e a performance da API. Com a base de dados configurada corretamente, a API está preparada para operações complexas, garantindo que os dados sejam manipulados de forma consistente e segura.

CAPÍTULO 11. PADRÕES DE PROJETO E ARQUITETURA

A organização do código é um fator determinante para a escalabilidade e a manutenção de uma aplicação. APIs que crescem de maneira desordenada tornam-se difíceis de expandir, testar e depurar. A aplicação de padrões de projeto e boas práticas de arquitetura garante que a API desenvolvida com FastAPI seja modular, reutilizável e escalável.

A separação entre camadas de serviço, repositórios e rotas melhora a organização da aplicação, garantindo que cada componente tenha uma única responsabilidade. Além disso, a utilização de injeção de dependências reduz o acoplamento e permite a substituição de partes do sistema sem impactar toda a estrutura.

A adoção de arquiteturas como Domain-Driven Design (DDD) e Clean Architecture reforça a separação de responsabilidades e permite que APIs sejam mais flexíveis, seguras e preparadas para crescimento futuro.

Separação entre Camadas de

Serviço, Repositórios e Rotas

A estrutura de uma API bem organizada segue o princípio da separação de responsabilidades. Em vez de centralizar toda a lógica de negócio nas rotas, cada camada deve ter sua função bem definida:

- **Rota (Controller)**: responsável por receber as requisições e encaminhá-las para a camada de serviço.

- **Serviço (Service Layer)**: contém a lógica de negócio da aplicação.

- **Repositório (Repository Layer)**: interage diretamente com o banco de dados.

Definição da Estrutura de Diretórios

Um projeto modularizado com FastAPI pode ser estruturado da seguinte forma:

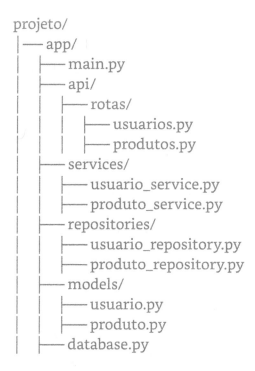

```
projeto/
├── app/
│   ├── main.py
│   ├── api/
│   │   ├── rotas/
│   │   │   ├── usuarios.py
│   │   │   ├── produtos.py
│   ├── services/
│   │   ├── usuario_service.py
│   │   ├── produto_service.py
│   ├── repositories/
│   │   ├── usuario_repository.py
│   │   ├── produto_repository.py
│   ├── models/
│   │   ├── usuario.py
│   │   ├── produto.py
│   ├── database.py
```

Essa organização separa as responsabilidades em módulos distintos, garantindo que cada parte do código cumpra uma única função.

Implementação das Camadas

A camada de repositório lida diretamente com o banco de dados:

python

```python
from sqlalchemy.future import select
from sqlalchemy.ext.asyncio import AsyncSession
from app.models.usuario import Usuario

async def buscar_usuario_por_email(db: AsyncSession, email: str):
    resultado = await db.execute(select(Usuario).filter(Usuario.email == email))
    return resultado.scalars().first()
```

A camada de serviço intermedia a lógica de negócio e as regras do sistema:

python

```python
from app.repositories.usuario_repository import buscar_usuario_por_email
from sqlalchemy.ext.asyncio import AsyncSession

async def validar_usuario(db: AsyncSession, email: str):
    usuario = await buscar_usuario_por_email(db, email)
    if not usuario:
        return {"erro": "Usuário não encontrado"}
    return usuario
```

Já a camada de rota apenas recebe a requisição e a encaminha para o serviço:

python

```python
from fastapi import APIRouter, Depends
```

```python
from app.services.usuario_service import validar_usuario
from app.database import get_db
from sqlalchemy.ext.asyncio import AsyncSession

router = APIRouter()

@router.get("/usuarios/{email}")
async def obter_usuario(email: str, db: AsyncSession =
Depends(get_db)):
    return await validar_usuario(db, email)
```

Com essa separação, o código torna-se mais legível, testável e modular, permitindo que cada parte seja alterada sem impactar o restante da aplicação.

Aplicando Injeção de Dependências no FastAPI

A injeção de dependências é um padrão que permite que componentes sejam fornecidos dinamicamente sem que cada função precise instanciar seus próprios objetos. No FastAPI, a injeção de dependências é implementada utilizando a função Depends.

A principal vantagem desse recurso é a redução do acoplamento, permitindo que as dependências sejam alteradas sem modificar a estrutura principal da aplicação.

A conexão com o banco de dados pode ser tratada como uma dependência injetável:

python

```python
from sqlalchemy.ext.asyncio import AsyncSession
from app.database import SessionLocal

async def get_db():
    db = SessionLocal()
    try:
        yield db
```

```
finally:
    await db.close()
```

A função get_db garante que a conexão com o banco de dados seja iniciada e encerrada corretamente.

O método descrito pode ser utilizado nas rotas para garantir que a sessão do banco seja gerenciada automaticamente:

python

```
@router.get("/usuarios/{email}")
async def obter_usuario(email: str, db: AsyncSession =
Depends(get_db)):
    return await validar_usuario(db, email)
```

A injeção de dependências também pode ser utilizada para autenticação e autorização, fornecendo automaticamente as credenciais do usuário autenticado.

Padrões para Aplicações Escaláveis

A adoção de padrões de arquitetura permite que APIs sejam estruturadas de forma robusta e escalável. Dois dos padrões mais utilizados no desenvolvimento de APIs modernas são o Domain-Driven Design (DDD) e a Clean Architecture.

Domain-Driven Design (DDD)

O DDD organiza a aplicação em torno do domínio do negócio, garantindo que cada componente seja modelado de acordo com a lógica da aplicação.

Os principais conceitos do DDD incluem:

- **Entidades**: objetos que possuem identidade única (exemplo: usuários, pedidos).

- **Value Objects**: objetos que não possuem identidade própria, apenas atributos.

- **Agregados**: agrupamentos de entidades que devem ser tratados como uma única unidade.

- **Repositórios**: responsáveis por recuperar e armazenar entidades no banco de dados.

A aplicação desse padrão melhora a legibilidade do código e facilita a implementação de regras de negócio complexas.

Clean Architecture

A Clean Architecture, proposta por Robert C. Martin, divide a aplicação em camadas concêntricas, garantindo que a lógica de negócio esteja isolada de detalhes técnicos.

A estrutura recomendada para uma API seguindo a Clean Architecture é:

- **Camada de domínio**: contém regras de negócio e entidades.

- **Camada de aplicação**: contém casos de uso e lógica específica do negócio.

- **Camada de infraestrutura**: contém interação com banco de dados e serviços externos.

- **Camada de interface**: contém as rotas e controladores da API.

Adotar esta metodologia garante que a API possa ser testada e mantida de forma eficiente, sem dependência direta de frameworks ou tecnologias externas.

Resolução de Erros Comuns

Erro: Código excessivamente acoplado

Mensagem: Dificuldade em modificar partes do sistema sem impactar outras áreas
Causa: A lógica de negócio e as consultas ao banco estão misturadas nas rotas.
Solução: Implementar a separação entre rotas, serviços e repositórios.

Erro: Banco de dados bloqueando múltiplas conexões

Mensagem: Too many connections
Causa: Sessões do banco de dados não estão sendo encerradas corretamente.
Solução: Utilizar yield em funções de dependência para garantir fechamento da conexão.

Erro: Testes unitários difíceis de implementar

Mensagem: Dificuldade em mockar dependências
Causa: A API não utiliza injeção de dependências corretamente.
Solução: Implementar Depends para permitir substituição dinâmica de dependências.

Boas Práticas

Para garantir a escalabilidade e manutenção da API, algumas boas práticas devem ser seguidas:

- **Organizar a estrutura do projeto de forma modular** para facilitar manutenção.

- **Utilizar injeção de dependências** para evitar acoplamento desnecessário.

- **Aplicar padrões de arquitetura** como DDD ou Clean Architecture para separar responsabilidades.

- **Garantir que cada camada tenha uma única responsabilidade** para facilitar testes e manutenção.

- **Automatizar testes unitários e de integração** para validar funcionalidades antes da implantação.

Padrões de arquitetura são essenciais em APIs de grande porte, como sistemas financeiros, plataformas de e-commerce e aplicações empresariais. Uma API bem estruturada facilita expansões, integrações e manutenção a longo prazo.

Resumo Estratégico

A correta separação de camadas e a aplicação de padrões de projeto garantem que APIs desenvolvidas com FastAPI sejam escaláveis e organizadas. A implementação de práticas como injeção de dependências, DDD e Clean Architecture permite que o código seja modular, reutilizável e de fácil manutenção. O desenvolvimento seguindo esses princípios assegura que a API esteja preparada para crescer sem comprometer a qualidade e a estabilidade do sistema.

CAPÍTULO 12. TESTES AUTOMATIZADOS

A automação de testes é essencial para garantir a confiabilidade e a estabilidade de uma API. Em um ambiente de desenvolvimento ágil, a execução constante de testes reduz erros e permite que novas funcionalidades sejam implementadas sem comprometer a integridade do sistema. O FastAPI, combinado com a biblioteca pytest, possibilita a criação de testes automatizados eficientes para validar rotas, modelos de dados e integrações.

Os testes são divididos em diferentes níveis:

- **Testes unitários**: verificam o funcionamento de pequenas partes do código, como funções individuais.

- **Testes de integração**: validam a interação entre componentes, como a comunicação entre a API e o banco de dados.

- **Testes funcionais**: simulam o comportamento do sistema como um todo, garantindo que ele funcione conforme esperado.

A implementação correta de testes permite detectar falhas antes que elas impactem os usuários, reduzindo custos de manutenção e aumentando a confiabilidade da API.

Introdução ao Pytest e a Testes Unitários no FastAPI

O pytest é uma das bibliotecas mais populares para testes automatizados em Python. Ele oferece suporte a testes unitários e de integração, permitindo a execução rápida e eficiente de testes automatizados.

A instalação do pytest pode ser feita com o comando:

nginx

```
pip install pytest pytest-asyncio httpx
```

A biblioteca httpx permite a realização de requisições HTTP assíncronas durante os testes, garantindo que as rotas do FastAPI sejam verificadas corretamente.

Estruturando os Testes

Os arquivos de teste devem ser organizados dentro de um diretório específico, como tests/, para manter a organização do projeto.

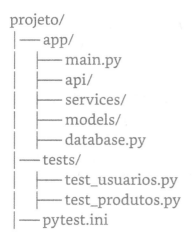

```
projeto/
|── app/
|    ├── main.py
|    ├── api/
|    ├── services/
|    ├── models/
|    ├── database.py
|── tests/
|    ├── test_usuarios.py
|    ├── test_produtos.py
|── pytest.ini
```

O arquivo pytest.ini pode ser criado para configurar o pytest:

ini

```
[pytest]
```

```
asyncio_mode = auto
```

A configuração descrita permite a execução de testes assíncronos com asyncio, garantindo compatibilidade com FastAPI.

Configuração de Testes para Rotas e Modelos

Os testes de rotas verificam se os endpoints da API retornam as respostas esperadas. O FastAPI fornece a classe TestClient para realizar requisições de teste de forma simplificada.

Criando um teste para uma rota de listagem:

python

```python
from fastapi.testclient import TestClient
from app.main import app

client = TestClient(app)

def test_listar_usuarios():
    resposta = client.get("/usuarios")
    assert resposta.status_code == 200
    assert isinstance(resposta.json(), list)
```

O teste faz uma requisição GET para a rota /usuarios e verifica se a resposta tem status 200 e retorna uma lista de usuários.

Testando um endpoint que recebe dados:

Ao testar um endpoint POST, é necessário enviar um corpo de requisição válido.

python

```python
def test_criar_usuario():
    dados = {"username": "joao", "email": "joao@email.com",
"senha": "123456"}
    resposta = client.post("/usuarios", json=dados)
```

```
assert resposta.status_code == 201
assert resposta.json()["mensagem"] == "Usuário criado com
sucesso"
```

O teste verifica se um novo usuário pode ser criado corretamente.

Mocking e Testes de Integração Básicos

Os testes de integração verificam se diferentes partes do sistema funcionam corretamente quando combinadas. No caso de APIs, isso inclui a interação com o banco de dados e outros serviços externos.

Em testes unitários, o acesso ao banco de dados deve ser evitado para garantir que os testes sejam rápidos e independentes. Para isso, pode-se utilizar **mocking**, simulando chamadas ao banco de dados sem executar consultas reais.

Criando um mock para o banco de dados:

A biblioteca unittest.mock pode ser utilizada para substituir chamadas reais ao banco de dados por respostas simuladas.

python

```
from unittest.mock import AsyncMock
from app.services.usuario_service import validar_usuario

async def test_validar_usuario():
    db_mock = AsyncMock()
    db_mock.execute.return_value.scalars.return_value.first.ret
urn_value = {"id": 1, "username": "joao"}

    usuario = await validar_usuario(db_mock,
"joao@email.com")
    assert usuario["username"] == "joao"
```

Este teste simula a busca de um usuário no banco de dados sem realizar uma consulta real, garantindo que a função de validação funcione corretamente.

Criando testes de integração com banco de dados temporário:

Para testar a integração com o banco de dados sem afetar dados reais, pode-se utilizar um banco de dados temporário para cada teste.

python

```python
from sqlalchemy.ext.asyncio import create_async_engine
from sqlalchemy.orm import sessionmaker
from app.models import Base

DATABASE_TEST_URL = "sqlite+aiosqlite:///:memory:"

engine_test = create_async_engine(DATABASE_TEST_URL,
echo=False)
TestingSessionLocal = sessionmaker(bind=engine_test,
class_=AsyncSession)

async def init_db():
    async with engine_test.begin() as conn:
        await conn.run_sync(Base.metadata.create_all)

@pytest.fixture
async def db():
    await init_db()
    session = TestingSessionLocal()
    yield session
    await session.close()
```

O código cria um banco de dados temporário em memória para rodar os testes sem impactar o ambiente de produção.

Resolução de Erros Comuns

Erro: Teste falha por timeout ao executar testes assíncronos

Mensagem: RuntimeError: Task attached to a different loop
Causa: O pytest não está configurado para suportar asyncio corretamente.
Solução: Criar o arquivo pytest.ini com a configuração asyncio_mode = auto.

Erro: Conexão com o banco de dados falha durante os testes

Mensagem: OperationalError: database is locked
Causa: O banco de dados está sendo acessado simultaneamente por múltiplos testes.
Solução: Utilizar um banco de dados em memória para testes, garantindo que as conexões não entrem em conflito.

Erro: Testes falham ao comparar JSON de resposta

Mensagem: AssertionError: assert {'mensagem': 'Erro'} == {'mensagem': 'Sucesso'}
Causa: O código da API não está retornando a resposta esperada.
Solução: Verificar se os testes estão enviando os dados corretos e ajustar as mensagens retornadas pela API.

Boas Práticas

A automação de testes melhora a qualidade do código e reduz a necessidade de testes manuais demorados. Algumas boas práticas incluem:

- **Executar testes frequentemente** para garantir que novas alterações não quebrem funcionalidades existentes.

- **Utilizar mocks para isolar testes unitários**, garantindo que eles sejam rápidos e confiáveis.

- **Criar testes de integração com bancos de dados temporários** para validar a persistência de dados sem afetar a produção.

- **Implementar testes para todas as rotas da API,**

verificando não apenas respostas bem-sucedidas, mas também erros esperados.

- **Automatizar a execução de testes em pipelines de CI/CD**, garantindo que a API seja validada antes da implantação.

APIs confiáveis são essenciais para aplicações financeiras, plataformas de e-commerce e sistemas de gestão. A implementação de testes automatizados garante que os serviços permaneçam estáveis mesmo após múltiplas atualizações.

Resumo Estratégico

A adoção de testes automatizados com pytest e FastAPI melhora a confiabilidade da API e reduz falhas em produção. A separação entre testes unitários, de integração e funcionais permite validar cada parte do sistema de maneira eficiente.

A utilização de mocks e bancos de dados temporários garante que os testes sejam executados rapidamente, sem impactar a base de dados real. Seguindo de forma técnica as práticas de testes, é possível garantir que a API seja confiável, escalável e preparada para crescer sem comprometer a qualidade do serviço.

CAPÍTULO 13. WEBSOCKETS E COMUNICAÇÃO EM TEMPO REAL

APIs tradicionais baseadas em HTTP funcionam sob o modelo de requisição e resposta. O cliente envia uma requisição e aguarda uma resposta do servidor. Esse modelo atende bem à maioria das aplicações, mas não é eficiente quando há necessidade de comunicação em tempo real.

O WebSocket é um protocolo que permite uma comunicação bidirecional contínua entre cliente e servidor. Uma conexão aberta pode enviar e receber dados a qualquer momento, sem necessidade de múltiplas requisições HTTP. Esse modelo é utilizado em bate-papos, notificações em tempo real, dashboards interativos, sistemas financeiros e jogos multiplayer.

O FastAPI fornece suporte nativo a WebSockets, permitindo a criação de aplicações reativas de forma simples e eficiente.

Fundamentos sobre WebSockets

Diferente do HTTP, o WebSocket mantém uma conexão persistente, permitindo que o servidor envie atualizações ao cliente sem que ele precise perguntar repetidamente se há novos dados disponíveis. Isso reduz latência e consumo de recursos, tornando a aplicação mais eficiente.

O protocolo WebSocket segue a estrutura:

1. O cliente solicita a abertura de uma conexão WebSocket para o servidor.
2. O servidor aceita a conexão e a mantém aberta.
3. O cliente e o servidor podem trocar mensagens

livremente enquanto a conexão estiver ativa.

4. A conexão pode ser encerrada por qualquer uma das partes.

Esse modelo evita polling contínuo, onde o cliente faz requisições repetidas ao servidor para verificar mudanças, otimizando o tráfego de rede.

Configurando WebSockets no FastAPI

A implementação de WebSockets no FastAPI segue uma abordagem direta utilizando a classe WebSocket.

Criando um servidor WebSocket:

O FastAPI permite a criação de um endpoint WebSocket com a anotação @app.websocket.

python

```
from fastapi import FastAPI, WebSocket

app = FastAPI()

@app.websocket("/ws")
async def websocket_endpoint(websocket: WebSocket):
    await websocket.accept()
    while True:
        mensagem = await websocket.receive_text()
        await websocket.send_text(f"Mensagem recebida:
{mensagem}")
```

O servidor aceita a conexão, recebe mensagens do cliente e responde em tempo real. A conexão permanece aberta enquanto o loop estiver ativo.

Testando a conexão WebSocket:

Para testar, um cliente WebSocket pode ser criado utilizando JavaScript no console do navegador:

javascript

```
let socket = new WebSocket("ws://localhost:8000/ws");

socket.onopen = () => {
    console.log("Conectado ao servidor");
    socket.send("Olá, servidor!");
};

socket.onmessage = (event) => {
    console.log("Resposta do servidor:", event.data);
};
```

Após abrir a conexão, o cliente envia uma mensagem e exibe a resposta do servidor.

Exemplos de Bate-papo em Tempo Real e outras Aplicações Reativas

Criando um sistema de bate-papo:

Para permitir que múltiplos clientes se comuniquem simultaneamente, é necessário armazenar as conexões ativas e enviar mensagens para todos os participantes.

python

```
from fastapi import WebSocket, WebSocketDisconnect

class GerenciadorConexoes:
    def __init__(self):
        self.conexoes_ativas = []

    async def conectar(self, websocket: WebSocket):
        await websocket.accept()
        self.conexoes_ativas.append(websocket)

    def desconectar(self, websocket: WebSocket):
        self.conexoes_ativas.remove(websocket)
```

```python
async def enviar_mensagem(self, mensagem: str):
    for conexao in self.conexoes_ativas:
        await conexao.send_text(mensagem)

gerenciador = GerenciadorConexoes()

@app.websocket("/chat")
async def chat(websocket: WebSocket):
    await gerenciador.conectar(websocket)
    try:
        while True:
            mensagem = await websocket.receive_text()
            await gerenciador.enviar_mensagem(mensagem)
    except WebSocketDisconnect:
        gerenciador.desconectar(websocket)
```

Cada cliente conectado envia mensagens que são retransmitidas a todos os participantes.

Enviando notificações automáticas:

Além de comunicação entre usuários, o WebSocket pode ser usado para notificações automáticas.

python

```python
import asyncio

@app.websocket("/notificacoes")
async def notificacoes(websocket: WebSocket):
    await websocket.accept()
    while True:
        await asyncio.sleep(5)
        await websocket.send_text("Nova notificação disponível")
```

O servidor envia notificações a cada cinco segundos para todos os clientes conectados.

Resolução de Erros Comuns

Erro: Conexão WebSocket fechada inesperadamente

Mensagem: WebSocket connection closed unexpectedly
Causa: O cliente ou o servidor encerrou a conexão abruptamente.
Solução: Implementar tratamento para WebSocketDisconnect e reconexão automática no cliente.

Erro: Tempo limite ao tentar estabelecer conexão

Mensagem: WebSocket failed: Connection to 'ws://localhost:8000/ws' failed
Causa: O servidor não está rodando ou a URL está incorreta.
Solução: Verificar se a aplicação FastAPI está ativa e se a rota WebSocket está configurada corretamente.

Erro: Mensagem recebida em formato incorreto

Mensagem: Expected string but got binary
Causa: O servidor esperava um texto, mas recebeu um dado binário.
Solução: Converter os dados corretamente ou implementar tratamento para diferentes tipos de mensagens.

Erro: Muitos clientes desconectados simultaneamente

Mensagem: list.remove(x): x not in list
Causa: O cliente foi removido da lista de conexões após já ter sido desconectado.
Solução: Verificar se a conexão ainda está ativa antes de removê-la.

Boas Práticas

A utilização correta de WebSockets melhora a performance e a interatividade da aplicação. Algumas boas práticas incluem:

- **Gerenciar conexões ativas com cuidado** para evitar vazamento de recursos.

- **Utilizar autenticação e autorização** para restringir acesso a usuários autorizados.

- **Tratar desconexões e reconexões** para garantir uma experiência contínua para o usuário.

- **Otimizar o tráfego de rede** enviando apenas informações essenciais.

- **Monitorar métricas de conexão** para detectar sobrecarga no servidor.

Aplicações reativas são essenciais em plataformas financeiras, jogos multiplayer, sistemas de rastreamento em tempo real e qualquer cenário onde a atualização imediata de informações seja crítica.

Resumo Estratégico

A comunicação em tempo real com WebSockets permite criar aplicações interativas e eficientes. O suporte nativo do FastAPI simplifica a implementação desse recurso, garantindo baixo consumo de rede e alta responsividade.

A correta configuração e gerenciamento das conexões melhora a experiência do usuário e evita falhas inesperadas. Aplicações que necessitam de comunicação instantânea, como bate-papos, dashboards dinâmicos e notificações em tempo real, se beneficiam diretamente do uso de WebSockets. Seguindo boas práticas e otimizando a estrutura da API, é possível construir sistemas escaláveis e altamente interativos.

CAPÍTULO 14. MIDDLEWARE E MANIPULAÇÃO DE REQUISIÇÕES

O middleware é uma camada intermediária no processamento de requisições e respostas dentro de uma API. Ele permite interceptar chamadas HTTP antes que cheguem às rotas e modificar a resposta antes que ela seja enviada ao cliente. Essa abordagem é útil para logging, métricas, autenticação, compressão, tratamento de erros e diversas outras funcionalidades que devem ser aplicadas globalmente à aplicação.

O FastAPI oferece suporte nativo para middlewares, permitindo a criação de mecanismos eficientes para monitoramento e segurança. Com a configuração correta, é possível melhorar o desempenho e garantir que todas as requisições passem por verificações antes de serem processadas.

Conceito de Middleware no FastAPI

Middlewares atuam como uma ponte entre o cliente e o servidor. Eles são executados em todas as requisições antes que a lógica das rotas seja acionada. O fluxo típico de uma requisição dentro de um middleware segue a ordem:

1. O cliente envia uma requisição para a API.
2. O middleware recebe a requisição, podendo modificá-la antes que chegue às rotas.
3. A lógica da API processa a requisição e gera uma resposta.
4. O middleware pode modificar a resposta antes de

STUDIOD21 SMART TECH CONTENT

enviá-la ao cliente.

Essa estrutura permite aplicar modificações centralizadas sem alterar individualmente cada rota da API.

Criando um middleware básico:

O FastAPI permite adicionar middlewares com a função @app.middleware("http").

python

```
from fastapi import FastAPI, Request
import time

app = FastAPI()

@app.middleware("http")
async def adicionar_tempo_resposta(request: Request,
call_next):
    inicio = time.time()
    resposta = await call_next(request)
    duracao = time.time() - inicio
    resposta.headers["X-Tempo-Resposta"] = str(duracao)
    return resposta
```

O middleware calcula o tempo de resposta da API e adiciona essa informação no cabeçalho da resposta. Essa métrica pode ser útil para monitoramento de desempenho.

Registrando Middlewares de Logging e Métricas

O monitoramento do comportamento da API permite identificar gargalos e garantir que o sistema esteja operando corretamente. O middleware pode ser utilizado para registrar logs de todas as requisições recebidas.

Criando um middleware de logging:

Os logs registram cada requisição recebida e a resposta enviada, facilitando a depuração de problemas.

python

```python
import logging

logging.basicConfig(level=logging.INFO, format="%(asctime)s - %(message)s")

@app.middleware("http")
async def log_requisicoes(request: Request, call_next):
    log_detalhes = f"Requisição: {request.method} {request.url}"
    logging.info(log_detalhes)
    resposta = await call_next(request)
    logging.info(f"Resposta: {resposta.status_code}")
    return resposta
```

Tal middleware registra todas as requisições e seus respectivos códigos de resposta no console.

Monitorando Métricas da API

O middleware pode ser utilizado para coletar métricas e armazená-las em serviços como Prometheus para análise posterior.

python

```python
from prometheus_client import Counter

contador_requisicoes = Counter("total_requisicoes", "Total de requisições recebidas")

@app.middleware("http")
async def contar_requisicoes(request: Request, call_next):
    contador_requisicoes.inc()
    return await call_next(request)
```

A cada requisição, o contador é incrementado, permitindo

análises sobre o volume de acessos à API.

Tratamento de Requisições e Respostas

Os middlewares permitem modificar requisições e respostas de forma programática. Isso pode ser utilizado para adicionar cabeçalhos personalizados, validar tokens de autenticação ou aplicar compressão nos dados enviados ao cliente.

Adicionando cabeçalhos personalizados:

Para garantir que todas as respostas tenham um cabeçalho específico, o middleware pode modificar os cabeçalhos antes de enviá-los ao cliente.

python

```python
@app.middleware("http")
async def adicionar_cabecalho_seguro(request: Request,
call_next):
    resposta = await call_next(request)
    resposta.headers["X-Seguranca"] = "Ativada"
    return resposta
```

Esse cabeçalho pode ser utilizado por clientes para validar a segurança da conexão.

Compactando respostas para otimizar o tráfego de rede:

Em APIs que lidam com grandes volumes de dados, a compressão das respostas pode reduzir o consumo de largura de banda e melhorar o tempo de carregamento no cliente.

python

```python
from fastapi.responses import Response
import gzip

@app.middleware("http")
async def comprimir_resposta(request: Request, call_next):
```

```
resposta = await call_next(request)
conteudo_comprimido = gzip.compress(resposta.body)
return Response(content=conteudo_comprimido,
media_type="application/json", headers={"Content-Encoding":
"gzip"})
```

Clientes compatíveis com compressão Gzip podem decodificar automaticamente a resposta, reduzindo o tempo de transmissão.

Resolução de Erros Comuns

Erro: Middleware não está sendo executado

Mensagem: Nenhuma alteração ocorre nas requisições
Causa: O middleware não foi registrado corretamente.
Solução: Garantir que a função @app.middleware("http") foi declarada antes da inicialização da aplicação.

Erro: Resposta não é retornada após o processamento do middleware

Mensagem: O cliente não recebe resposta do servidor
Causa: O middleware não está chamando call_next(request).
Solução: Verificar se a função call_next(request) está presente e sendo chamada corretamente.

Erro: Middleware gera erro ao tentar acessar atributos de requisição

Mensagem: AttributeError: 'Request' object has no attribute 'body'
Causa: Algumas propriedades da requisição não estão disponíveis diretamente.
Solução: Utilizar await request.body() para acessar o corpo da requisição de forma assíncrona.

Erro: Middleware de logging impacta desempenho

Mensagem: A API está mais lenta após adicionar logging
Causa: Operações de I/O síncronas podem bloquear requisições.

Solução: Utilizar logging assíncrono para evitar bloqueios desnecessários.

Boas Práticas

A utilização eficiente de middlewares melhora a organização e segurança da API. Algumas boas práticas incluem:

- **Registrar logs de requisições e respostas** para facilitar a depuração e análise de falhas.

- **Utilizar middleware de compressão** para otimizar o tráfego de rede.

- **Aplicar autenticação e validação de tokens** antes de processar requisições.

- **Adicionar monitoramento de métricas** para identificar padrões de uso e possíveis gargalos.

- **Garantir que o middleware seja não-bloqueante** para evitar impactos no desempenho da API.

APIs que lidam com alto volume de requisições, como sistemas financeiros, plataformas de streaming e serviços de monitoramento, se beneficiam diretamente da implementação de middlewares bem estruturados.

Resumo Estratégico

A implementação de middlewares no FastAPI permite a manipulação avançada de requisições e respostas, otimizando o desempenho e a segurança da API. A configuração de logging, métricas e compressão melhora a eficiência da aplicação sem a necessidade de modificar diretamente cada rota.

O uso correto de middlewares garante que a API seja escalável e mantenha um alto nível de confiabilidade. Aplicações que seguem metodologias práticas de middleware estão mais preparadas para lidar com grandes volumes de tráfego e oferecer uma experiência estável para os usuários.

CAPÍTULO 15. AGENDAMENTO DE TAREFAS E PROCESSOS ASSÍNCRONOS

Aplicações modernas frequentemente exigem a execução de tarefas em segundo plano, como envio de e-mails, processamento de dados e geração de relatórios. O FastAPI permite a integração com ferramentas especializadas para lidar com tarefas assíncronas e agendadas, garantindo que a API continue responsiva enquanto processos intensivos são executados.

O uso de agendadores como Celery, RQ (Redis Queue) e APScheduler possibilita a criação de tarefas recorrentes, como limpeza de registros antigos, sincronização de dados e notificações periódicas. Além disso, a abordagem assíncrona do FastAPI, baseada em async/await, permite a execução eficiente de chamadas I/O sem bloquear o restante do sistema.

A correta configuração dessas ferramentas melhora a escalabilidade e evita que requisições pesadas comprometam o desempenho da API.

Configurando Tarefas Periódicas

A execução de processos agendados garante que determinadas funções sejam acionadas automaticamente em intervalos definidos.

Agendamento com APScheduler:

O APScheduler é uma biblioteca leve para agendamento

de tarefas dentro da própria aplicação, sem necessidade de infraestrutura adicional.

A instalação pode ser feita com:

nginx

```
pip install apscheduler
```

A configuração do agendador pode ser realizada dentro do FastAPI para executar uma função periodicamente.

python

```
from apscheduler.schedulers.background import
BackgroundScheduler
from fastapi import FastAPI

app = FastAPI()
scheduler = BackgroundScheduler()

def tarefa_recorrente():
    print("Executando tarefa agendada")

scheduler.add_job(tarefa_recorrente, "interval", seconds=10)
scheduler.start()
```

A cada 10 segundos, a função será chamada automaticamente. O APScheduler é útil para tarefas simples que precisam ser executadas localmente, mas não é recomendado para operações distribuídas.

Execução assíncrona de tarefas em segundo plano:

O FastAPI permite a execução de funções em segundo plano utilizando BackgroundTasks. Esse método é útil para operações que não precisam ser concluídas antes de retornar uma resposta ao cliente.

python

```python
from fastapi import BackgroundTasks

def salvar_log(mensagem: str):
    with open("log.txt", "a") as arquivo:
        arquivo.write(mensagem + "\n")

@app.post("/processar/")
async def processar(background_tasks: BackgroundTasks):
    background_tasks.add_task(salvar_log, "Processamento concluído")
    return {"mensagem": "Tarefa enviada para segundo plano"}
```

O log será salvo sem bloquear a execução da API, permitindo que a resposta seja retornada imediatamente ao cliente.

Abordagem Assíncrona e Paralelismo no FastAPI

A execução assíncrona melhora o desempenho da API ao permitir que operações de entrada e saída sejam realizadas de forma não bloqueante. O FastAPI utiliza async/await para gerenciar chamadas assíncronas sem comprometer a escalabilidade.

Diferença entre Execução Síncrona e Assíncrona

No modelo síncrono, cada requisição aguarda a conclusão antes de prosseguir:

python

```python
import time

def tarefa_lenta():
    time.sleep(5)
    return "Concluído"
```

Enquanto essa função está em execução, nenhuma outra tarefa pode ser processada.

A abordagem assíncrona permite que outras operações continuem rodando enquanto a tarefa é finalizada:

python

```
import asyncio

async def tarefa_assincrona():
    await asyncio.sleep(5)
    return "Concluído"
```

O uso de await permite que a função libere o processamento para outras tarefas enquanto aguarda o término da operação.

Trabalhando com Múltiplas Tarefas Simultâneas

A execução paralela de múltiplas funções melhora o desempenho da API quando há necessidade de realizar diversas chamadas externas ao mesmo tempo.

python

```
async def tarefa_1():
    await asyncio.sleep(3)
    return "Tarefa 1 finalizada"

async def tarefa_2():
    await asyncio.sleep(2)
    return "Tarefa 2 finalizada"

async def executar_paralelo():
    resultado = await asyncio.gather(tarefa_1(), tarefa_2())
    return resultado
```

Ambas as funções serão executadas simultaneamente, reduzindo o tempo total de espera.

Processamento Distribuído com Celery e Redis Queue

Para tarefas de longa duração que precisam ser processadas de forma distribuída, ferramentas como Celery e RQ são recomendadas.

Configuração do Celery:

O Celery gerencia tarefas em segundo plano utilizando filas de mensagens, permitindo a distribuição de processamento entre múltiplos servidores.

A instalação pode ser feita com:

nginx

```
pip install celery
```

O Redis é frequentemente utilizado como broker para armazenar tarefas na fila. Para instalar o Redis:

nginx

```
sudo apt install redis
```

A configuração do Celery no FastAPI pode ser feita criando um arquivo celery_app.py:

python

```
from celery import Celery

celery = Celery(
    "app",
    broker="redis://localhost:6379/0",
    backend="redis://localhost:6379/0"
)

@celery.task
def tarefa_pesada():
    return "Processamento concluído"
```

A chamada de uma tarefa Celery no FastAPI pode ser feita da seguinte forma:

python

```
@app.post("/executar/")
def executar_tarefa():
    tarefa_pesada.delay()
    return {"mensagem": "Tarefa enviada para a fila"}
```

O Celery processará a tarefa em um worker separado, garantindo que a API continue responsiva.

Resolução de Erros Comuns

Erro: Função assíncrona bloqueando a API

Mensagem: Task is blocking the event loop
Causa: Código síncrono foi executado dentro de uma função async.
Solução: Utilizar await corretamente em chamadas de I/O.

Erro: Celery não processa tarefas

Mensagem: No workers available
Causa: Nenhum worker está ativo para processar as filas.
Solução: Iniciar o Celery com celery -A celery_app worker --loglevel=info.

Erro: Redis não está disponível

Mensagem: Connection refused
Causa: O serviço do Redis não está rodando ou a configuração da conexão está incorreta.
Solução: Verificar se o Redis está ativo com redis-cli ping.

Erro: APScheduler não executa a tarefa

Mensagem: Scheduler is not running
Causa: O agendador não foi iniciado corretamente.

Solução: Garantir que scheduler.start() está sendo chamado no início da aplicação.

Boas Práticas

A correta implementação de tarefas assíncronas melhora a escalabilidade da API. Algumas recomendações incluem:

- **Utilizar Celery ou Redis Queue para processamento pesado** em segundo plano.

- **Aproveitar** async/await para evitar bloqueios e melhorar a responsividade.

- **Executar múltiplas tarefas em paralelo** para otimizar chamadas externas.

- **Monitorar tarefas assíncronas** para detectar falhas e evitar filas sobrecarregadas.

- **Definir tempos de expiração para tarefas longas** para evitar consumo excessivo de recursos.

APIs que realizam processamento intensivo, como análise de dados, envio de e-mails em massa e renderização de vídeos, se beneficiam diretamente dessas práticas.

Resumo Estratégico

A execução de tarefas assíncronas e agendadas aumenta a eficiência e a escalabilidade da API. O FastAPI oferece suporte nativo a async/await, permitindo a implementação de chamadas não bloqueantes. Ferramentas como Celery, Redis Queue e APScheduler garantem a execução confiável de processos em segundo plano, evitando que operações demoradas impactem a resposta da API.

A correta configuração dessas técnicas prepara a API para lidar com alto volume de requisições e operações de longa duração sem comprometer a estabilidade do sistema.

CAPÍTULO 16. GERANDO DOCUMENTAÇÃO AUTOMÁTICA

A documentação de APIs é essencial para garantir que desenvolvedores possam entender e utilizar os serviços expostos de maneira eficiente. APIs bem documentadas reduzem erros de implementação, facilitam a adoção por terceiros e agilizam a integração com outras aplicações.

O FastAPI se destaca por gerar automaticamente a documentação das rotas utilizando o padrão OpenAPI, exibindo-a visualmente através do Swagger UI. Além da geração automática, é possível personalizar a documentação adicionando descrições, exemplos e agrupamentos por tags.

A manutenção sincronizada da documentação com o código previne divergências entre a especificação e o comportamento real da API. Estratégias como versionamento, testes automatizados e anotações explicativas garantem que a documentação permaneça sempre atualizada.

OpenAPI e Swagger Gerados Automaticamente pelo FastAPI

O FastAPI implementa o padrão **OpenAPI 3.0**, que define um formato padronizado para descrever APIs REST. Com base nos tipos de dados e definições das rotas, a documentação é gerada automaticamente e pode ser acessada diretamente no navegador.

Por padrão, o FastAPI disponibiliza dois endpoints para visualizar a documentação:

- **Swagger UI**: interface interativa para explorar e testar as rotas da API. Disponível em /docs.

- **ReDoc**: alternativa com visualização estruturada e foco em leitura. Disponível em /redoc.

Para acessar a documentação, basta executar a API e abrir um dos URLs no navegador.

Configurando Título e Descrição da Documentação

A personalização da documentação pode ser feita ao instanciar o FastAPI.

python

```
from fastapi import FastAPI

app = FastAPI(
    title="API de Exemplo",
    description="Uma API para demonstração de geração de documentação com OpenAPI.",
    version="1.0.0"
)
```

O título e a descrição aparecem na interface Swagger UI, facilitando a compreensão sobre a API.

Customização de Documentação e Utilização de Tags

O agrupamento das rotas em categorias melhora a navegação dentro da documentação. O FastAPI permite classificar endpoints utilizando **tags**, tornando a documentação mais organizada.

Adicionando tags às rotas:

Cada rota pode ser associada a uma ou mais tags para facilitar a identificação de funcionalidades.

python

```python
from fastapi import APIRouter

router = APIRouter()

@router.get("/usuarios", tags=["Usuários"])
async def listar_usuarios():
    return [{"id": 1, "nome": "João"}]
```

As tags aparecem na documentação, agrupando rotas relacionadas.

Personalizando descrições e respostas:

Além das tags, é possível definir descrições detalhadas e exemplos para cada rota.

python

```python
from fastapi import Path, Query

@router.get("/usuarios/{id}", tags=["Usuários"])
async def obter_usuario(
    id: int = Path(..., description="ID do usuário a ser consultado"),
    ativo: bool = Query(True, description="Filtrar apenas usuários ativos")
):
    """
    Retorna um usuário pelo ID informado.
    """
    return {"id": id, "ativo": ativo}
```

A documentação exibirá descrições detalhadas para os parâmetros da URL e query strings.

Documentando os modelos de dados:

O FastAPI utiliza Pydantic para validar dados de entrada e saída, gerando automaticamente a documentação dos modelos utilizados.

python

```python
from pydantic import BaseModel

class Usuario(BaseModel):
    id: int
    nome: str
    email: str

@router.get("/usuarios/{id}", response_model=Usuario,
tags=["Usuários"])
async def obter_usuario(id: int):
    return {"id": id, "nome": "João", "email": "joao@email.com"}
```

A interface Swagger exibirá o modelo de resposta esperado, facilitando a implementação pelos consumidores da API.

Estratégias para Manter a Documentação Sincronizada com o Código

A documentação precisa refletir fielmente as funcionalidades da API para evitar inconsistências. Algumas estratégias garantem que a documentação permaneça atualizada conforme o código evolui.

Utilização de anotação automática:

O FastAPI gera a documentação com base nos tipos de dados definidos nos endpoints. Sempre que novas rotas forem adicionadas ou alteradas, a documentação será atualizada automaticamente.

Versionamento da API:

Manter um esquema de versionamento claro evita conflitos ao

modificar rotas. O agrupamento de endpoints por versão pode ser feito utilizando prefixos.

python

```python
app_v1 = FastAPI(title="API - Versão 1.0")

@app_v1.get("/usuarios")
async def listar_usuarios():
    return [{"id": 1, "nome": "Maria"}]
```

Testes Automatizados para Validar a Documentação

A geração da documentação pode ser validada automaticamente utilizando testes de integração. O **pytest** permite verificar se a API retorna a documentação corretamente.

python

```python
from fastapi.testclient import TestClient
from app.main import app

client = TestClient(app)

def test_documentacao():
    resposta = client.get("/docs")
    assert resposta.status_code == 200
```

Esse teste confirma que a documentação Swagger está acessível e operacional.

Resolução de Erros Comuns

Erro: A documentação não exibe determinadas rotas

Mensagem: Rota não aparece no Swagger UI
Causa: O FastAPI gera a documentação apenas para funções definidas corretamente.
Solução: Garantir que os endpoints possuam tipagem **ex**plícita e sejam decorados corretamente com @app.get, @app.post etc.

Erro: A documentação exibe dados incorretos

Mensagem: O modelo de resposta não corresponde ao esperado
Causa: O modelo Pydantic pode não estar sendo referenciado corretamente.
Solução: Utilizar response_model nas rotas para garantir a exibição correta do formato de saída.

Erro: O Swagger não está disponível

Mensagem: 404 Not Found ao acessar /docs
Causa: A documentação pode ter sido desativada na configuração da aplicação.
Solução: Verificar se docs_url="/docs" está definido na instância do FastAPI.

Erro: Campos opcionais não aparecem na documentação

Mensagem: O campo esperado não está visível
Causa: Campos opcionais podem ser omitidos se não forem explicitamente documentados.
Solução: Utilizar Optional no modelo de dados para garantir que o campo seja documentado corretamente.

Boas Práticas

Manter uma documentação clara e bem organizada melhora a experiência dos desenvolvedores que utilizam a API. Algumas recomendações incluem:

- **Utilizar tags para categorizar endpoints** e facilitar a navegação.
- **Descrever todos os parâmetros e modelos de dados** para reduzir ambiguidades.

- **Versionar a API** para evitar conflitos em integrações futuras.

- **Automatizar a validação da documentação** utilizando testes.

- **Adicionar exemplos de uso** para facilitar a compreensão dos consumidores da API.

APIs amplamente utilizadas em integração com serviços de terceiros, como gateways de pagamento, plataformas de automação e sistemas de dados, exigem documentação bem estruturada para garantir adoção e uso correto.

Resumo Estratégico

A geração automática de documentação com OpenAPI e Swagger UI simplifica o desenvolvimento e a integração com a API. O FastAPI facilita esse processo ao fornecer suporte nativo para geração de especificações detalhadas, reduzindo a necessidade de manutenção manual da documentação.

A personalização da documentação e a adoção de metodologia técnica garantem que a API seja facilmente compreendida e utilizada por desenvolvedores. Manter a documentação sempre sincronizada com o código melhora a qualidade da API e reduz erros na implementação por parte dos usuários finais.

CAPÍTULO 17.
VERSIONAMENTO DE API

O versionamento de APIs garante que mudanças e novas funcionalidades possam ser implementadas sem impactar usuários que dependem de versões anteriores. Aplicações em produção precisam evoluir sem quebrar integrações já estabelecidas. Definir um esquema de versionamento bem estruturado permite que clientes escolham qual versão utilizar, minimizando retrabalho e garantindo compatibilidade.

APIs públicas e privadas precisam de um controle claro sobre suas versões para evitar interrupções e conflitos. Métodos como versionamento via URL, header HTTP e query parameters são amplamente utilizados para gerenciar diferentes versões dentro do mesmo projeto.

A adoção de estratégias de migração e descontinuação de versões antigas evita impactos negativos para os usuários e mantém a API escalável.

Por que Versionar APIs

Cada atualização pode introduzir mudanças que afetam clientes que já consomem a API. O versionamento permite evoluir funcionalidades sem comprometer aplicações que dependem de um comportamento específico.

As principais razões para versionar APIs incluem:

- **Evitar quebras de compatibilidade** ao modificar contratos de resposta ou regras de validação.

- **Permitir a coexistência de múltiplas versões**, dando aos clientes tempo para migrarem gradualmente.

- **Manter uma transição controlada**, garantindo que serviços não sejam interrompidos de forma abrupta.

- **Facilitar rollback**, permitindo reverter para uma versão anterior caso um problema seja identificado.

Práticas Recomendadas

- **Utilizar versionamento desde o início**, evitando retrabalho quando a API começar a crescer.

- **Fornecer documentação clara sobre as diferenças entre versões**, orientando os clientes na migração.

- **Definir um ciclo de vida para cada versão**, incluindo datas de suporte e descontinuação.

- **Monitorar o uso de versões antigas** para evitar a manutenção de APIs desnecessárias.

- **Evitar mudanças incompatíveis** sem um planejamento claro e comunicação com os usuários.

Configurando Diferentes Versões

O FastAPI permite gerenciar diferentes versões utilizando prefixos de rota, headers e query parameters.

Versionamento via URL:

Uma das abordagens mais comuns é definir o número da

versão diretamente na URL. Esse método torna o versionamento explícito e fácil de identificar.

python

```
from fastapi import FastAPI

app = FastAPI()

@app.get("/v1/usuarios")
async def listar_usuarios_v1():
    return [{"id": 1, "nome": "João", "email": "joao@email.com"}]

@app.get("/v2/usuarios")
async def listar_usuarios_v2():
    return [{"id": 1, "nome_completo": "João Silva", "email": "joao@email.com"}]
```

Cada versão mantém um contrato diferente, garantindo compatibilidade para quem ainda utiliza a versão anterior.

Versionamento por headers:

O cabeçalho HTTP pode ser utilizado para definir a versão da API, permitindo que clientes informem qual versão desejam consumir.

python

```
from fastapi import Header, HTTPException

@app.get("/usuarios")
async def listar_usuarios(x_api_version: str = Header(None)):
    if x_api_version == "1":
        return [{"id": 1, "nome": "João"}]
    elif x_api_version == "2":
        return [{"id": 1, "nome_completo": "João Silva"}]
    raise HTTPException(status_code=400, detail="Versão inválida")
```

Dessa forma, evita-se a exposição da versão na URL e permite que clientes escolham a versão dinamicamente.

Versionamento por Query Parameters

Parâmetros de consulta podem definir a versão sem alterar a estrutura da URL.

python

```python
@app.get("/usuarios")
async def listar_usuarios(version: int = 1):
    if version == 1:
        return [{"id": 1, "nome": "João"}]
    elif version == 2:
        return [{"id": 1, "nome_completo": "João Silva"}]
    raise HTTPException(status_code=400, detail="Versão
inválida")
```

Essa técnica facilita a implementação sem modificar as rotas, mas pode ser menos intuitiva para desenvolvedores que consomem a API.

Estratégias para Migração de Versões
sem Interromper Serviços

A atualização de uma API deve ser planejada para garantir que mudanças não afetem clientes inesperadamente. Algumas estratégias minimizam impactos ao introduzir novas versões e descontinuar versões antigas.

Introdução gradual de novas versões:

A implementação de uma nova versão deve ocorrer em estágios controlados:

1. **Publicação da nova versão** sem remover a anterior, permitindo testes e ajustes.
2. **Comunicação com os usuários**, alertando sobre

mudanças e oferecendo documentação clara.

3. **Monitoramento do uso**, verificando quantos clientes ainda utilizam a versão antiga.

4. **Definição de um prazo de descontinuação**, estabelecendo uma data limite para o suporte à versão anterior.

5. **Remoção da versão descontinuada**, garantindo que a API permaneça enxuta e sem endpoints obsoletos.

Controle de acesso por ambiente:

A versão mais recente pode ser disponibilizada primeiro para um grupo restrito de usuários antes da liberação global. Esse controle pode ser feito através de **feature flags** ou autenticação baseada em permissões.

python

```python
@app.get("/usuarios")
async def listar_usuarios(versao: str = Header(None)):
    if versao == "beta":
        return [{"id": 1, "nome_completo": "João Silva", "status":
"Beta"}]
    return [{"id": 1, "nome": "João"}]
```

Essa metodologia permite que versões sejam testadas sem afetar toda a base de usuários.

Resolução de Erros Comuns

Erro: Mudança repentina quebra integrações existentes

Mensagem: Erro inesperado ao consumir a API
Causa: Atualizações incompatíveis foram aplicadas sem um planejamento adequado.
Solução: Implementar versionamento adequado e comunicar mudanças com antecedência.

Erro: Usuários continuam utilizando versões obsoletas

Mensagem: A versão antiga ainda recebe requisições mesmo após ser descontinuada
Causa: Falta de comunicação e monitoramento do uso das versões.
Solução: Definir um prazo para descontinuação e alertar usuários com mensagens de aviso nas respostas da API.

Erro: Falta de documentação clara sobre as versões disponíveis

Mensagem: Clientes não sabem qual versão utilizar
Causa: A documentação não detalha corretamente as diferenças entre versões.
Solução: Manter um histórico de mudanças detalhado e instruções claras sobre a migração.

Erro: Versões antigas acumulam código desnecessário

Mensagem: Dificuldade para manter múltiplas versões
Causa: Muitas versões sendo mantidas simultaneamente, aumentando a complexidade da API.
Solução: Definir um ciclo de vida para cada versão e descontinuar versões obsoletas regularmente.

Boas Práticas

A implementação eficiente do versionamento melhora a estabilidade e previsibilidade da API. Algumas recomendações incluem:

- **Definir uma estratégia de versionamento clara** antes de lançar a API.

- **Oferecer suporte a múltiplas versões apenas quando necessário**, evitando acúmulo de código obsoleto.

- **Manter um plano de migração documentado**, garantindo que os clientes possam atualizar suas integrações com facilidade.

- **Utilizar monitoramento para identificar o uso de versões antigas** e planejar sua descontinuação.

- **Testar a compatibilidade das versões antes da implantação**, evitando regressões inesperadas.

APIs de grande escala, como serviços financeiros, plataformas de SaaS e gateways de pagamento, dependem de um versionamento estruturado para garantir continuidade e confiabilidade para seus clientes.

Resumo Estratégico

O versionamento adequado de APIs evita interrupções e facilita a evolução da aplicação sem comprometer a compatibilidade com integrações existentes. Métodos como versionamento via URL, headers e query parameters garantem flexibilidade e permitem que clientes escolham a versão mais adequada.

A definição de um ciclo de vida para cada versão, aliada a estratégias de comunicação e monitoramento, assegura que a API permaneça organizada e escalável. Implementar práticas de versionamento é essencial para garantir a adoção e longevidade de uma API em ambientes produtivos.

CAPÍTULO 18. DEPLOY DE APLICAÇÕES FASTAPI

A publicação de uma API em um ambiente de produção exige um planejamento estratégico para garantir disponibilidade, desempenho e escalabilidade. O FastAPI suporta diferentes abordagens de deploy, desde servidores locais até plataformas de nuvem como Heroku, AWS e Azure.

A escolha da infraestrutura de deploy impacta diretamente a experiência do usuário e a capacidade de resposta da API sob alta demanda. Métodos como uso de contêineres Docker, balanceamento de carga e autoescalonamento garantem que a aplicação possa lidar com crescimento sem comprometer a estabilidade.

A configuração correta do ambiente, o gerenciamento de variáveis sensíveis e a otimização dos recursos são fundamentais para um deploy eficiente e seguro.

Deploy Local vs. Nuvem

A implantação pode ser feita em servidores próprios ou utilizando provedores de nuvem. Cada abordagem tem vantagens e desafios que devem ser considerados.

Deploy local:

A execução da API em um servidor físico ou máquina virtual permite controle total sobre o ambiente, mas exige mais esforço na manutenção e monitoramento.

Vantagens:

- Maior controle sobre a infraestrutura.
- Sem dependência de provedores externos.
- Possibilidade de personalização avançada do ambiente.

Desvantagens:

- Maior complexidade na configuração e segurança.
- Dificuldade em escalar automaticamente.
- Necessidade de monitoramento constante.

A execução local pode ser útil para testes e desenvolvimento, mas ambientes produtivos geralmente se beneficiam de soluções na nuvem.

Deploy em nuvem:

Plataformas como Heroku, AWS, Azure e Google Cloud oferecem serviços otimizados para hospedar APIs de forma escalável e segura.

Vantagens:

- Escalabilidade automática para lidar com picos de tráfego.

- Infraestrutura gerenciada, reduzindo custos operacionais.

- Serviços integrados de segurança, monitoramento e backup.

Desvantagens:

- Dependência do provedor e possíveis custos variáveis.

- Limitações de configuração em alguns serviços gerenciados.

A escolha do provedor depende do orçamento, das necessidades do projeto e da experiência da equipe com a plataforma.

Configurando Contêineres Docker para FastAPI

O Docker simplifica o deploy ao criar um ambiente isolado que pode ser executado em qualquer servidor compatível. A API é empacotada em um contêiner, garantindo que todas as dependências estejam configuradas corretamente.

Criando um Dockerfile para FastAPI:

O arquivo Dockerfile define o ambiente de execução da API.

dockerfile

```
# Imagem base com Python e dependências mínimas
FROM python:3.10

# Definir diretório de trabalho dentro do contêiner
WORKDIR /app

# Copiar os arquivos do projeto para o contêiner
COPY . /app

# Instalar dependências do projeto
RUN pip install --no-cache-dir -r requirements.txt

# Expor a porta padrão da aplicação
EXPOSE 8000

# Comando para iniciar a API com Uvicorn
CMD ["uvicorn", "app.main:app", "--host", "0.0.0.0", "--port", "8000"]
```

Criando o arquivo de requisitos:

O arquivo requirements.txt lista as dependências necessárias para a API.

nginx

```
fastapi
uvicorn
```

Construindo e executando o contêiner:

O build da imagem pode ser realizado com:

```
nginx
```

```
docker build -t minha_api .
```

Após a criação da imagem, o contêiner pode ser iniciado com:

```
arduino
```

```
docker run -d -p 8000:8000 minha_api
```

O FastAPI estará rodando no contêiner, acessível na porta 8000.

Utilizando Docker Compose

O Docker Compose permite gerenciar múltiplos serviços, como banco de dados e cache, junto com a API.

Criação do arquivo docker-compose.yml:

```
yaml
```

```yaml
version: "3.8"
services:
  api:
    build: .
    ports:
      - "8000:8000"
    depends_on:
      - db

  db:
    image: postgres:latest
```

```
environment:
  POSTGRES_USER: usuario
  POSTGRES_PASSWORD: senha
  POSTGRES_DB: minha_base
ports:
  - "5432:5432"
```

O comando docker-compose up -d inicia a API e o banco de dados simultaneamente.

Conceitos de Escalabilidade e Alta Disponibilidade

APIs precisam ser capazes de lidar com grande volume de tráfego sem degradação no desempenho. Estratégias como autoescalonamento, balanceamento de carga e cache garantem alta disponibilidade.

Autoescalonamento:

Plataformas de nuvem permitem aumentar ou reduzir automaticamente a capacidade da API conforme a demanda. O AWS Elastic Beanstalk, o Google App Engine e o Azure App Services oferecem suporte nativo ao escalonamento automático.

Balanceamento de carga:

Distribuir requisições entre múltiplas instâncias melhora a resposta da API sob carga intensa. O NGINX pode ser configurado como balanceador de carga.

Arquivo nginx.conf:

nginx

```
upstream fastapi_servers {
    server api1:8000;
    server api2:8000;
}

server {
```

```
listen 80;
location / {
    proxy_pass http://fastapi_servers;
}
}
```

Com essa configuração, o tráfego será distribuído entre as instâncias da API.

Cache para Otimização

O cache reduz a necessidade de processamento repetitivo ao armazenar respostas para requisições frequentes. O Redis pode ser utilizado como cache intermediário.

Instalação:

nginx

```
pip install aioredis
```

Utilização no FastAPI:

python

```
import aioredis
from fastapi import FastAPI

app = FastAPI()
redis = aioredis.from_url("redis://localhost:6379")

@app.get("/dados")
async def get_dados():
    cache = await redis.get("dados")
    if cache:
        return {"dados": cache}
    dados = {"valor": "resultado pesado"}
    await redis.set("dados", dados["valor"])
    return dados
```

A estratégia descrita melhora o tempo de resposta da API.

Resolução de Erros Comuns

Erro: API não responde após deploy no Docker

Mensagem: Connection refused
Causa: A API pode estar escutando na interface errada.
Solução: Configurar host="0.0.0.0" no Uvicorn.

Erro: Docker não encontra os arquivos da API

Mensagem: ModuleNotFoundError
Causa: O WORKDIR pode estar incorreto no Dockerfile.
Solução: Garantir que COPY . /app está movendo os arquivos corretamente.

Erro: Banco de dados não conecta ao subir o contêiner

Mensagem: Connection failed
Causa: O serviço do banco pode estar inicializando mais lentamente que a API.
Solução: Usar depends_on no Docker Compose para garantir a ordem correta.

Erro: API apresenta lentidão sob alta carga

Mensagem: High response time
Causa: O servidor pode estar sobrecarregado sem cache ou balanceamento.
Solução: Implementar Redis e NGINX para otimização.

Boas Práticas

O sucesso do deploy depende de planejamento e otimização. Algumas recomendações incluem:

- **Utilizar contêineres para garantir consistência no ambiente** de desenvolvimento e produção.

- **Implementar autoescalonamento para lidar com**

variações na demanda.

- **Configurar balanceamento de carga** para distribuir requisições de forma eficiente.

- **Adicionar cache** para reduzir o tempo de resposta da API.

- **Monitorar logs e métricas** para identificar gargalos e otimizar recursos.

Plataformas de e-commerce, fintechs e aplicações de alto tráfego se beneficiam diretamente dessas práticas.

Resumo Estratégico

A implantação eficiente de uma API FastAPI exige escolha estratégica da infraestrutura, configuração adequada do ambiente e implementação de mecanismos de escalabilidade. O uso de contêineres Docker, autoescalonamento e cache melhora o desempenho e a resiliência da aplicação.

A compreensão técnica dos conceitos apresentados garante que a API possa crescer de forma sustentável, mantendo alta disponibilidade e eficiência sob qualquer nível de demanda.

CAPÍTULO 19. INTEGRAÇÕES E APIS EXTERNAS

A comunicação com APIs externas é essencial para conectar aplicações a serviços de terceiros, como pagamentos, redes sociais, inteligência artificial e bancos de dados remotos. O FastAPI facilita a integração com APIs REST e GraphQL, permitindo consumir e enviar dados de maneira eficiente.

A autenticação em APIs externas muitas vezes exige tokens de acesso, como OAuth2 e API Keys. A configuração correta desses mecanismos garante segurança e evita problemas com restrições de acesso.

A implementação de chamadas eficientes e o tratamento adequado de erros aumentam a confiabilidade das integrações e melhoram a experiência do usuário.

Consumindo Serviços Externos (REST, GraphQL)

O FastAPI suporta chamadas HTTP assíncronas, permitindo integração com APIs REST e GraphQL de maneira otimizada.

Consumindo APIs REST:

A biblioteca httpx permite realizar requisições assíncronas para serviços externos.

Instalação:

nginx

```
pip install httpx
```

Exemplo de requisição GET para uma API pública:

python

```python
import httpx
from fastapi import FastAPI

app = FastAPI()

@app.get("/dados")
async def obter_dados():
    async with httpx.AsyncClient() as client:
        resposta = await client.get("https://
jsonplaceholder.typicode.com/posts/1")
        return resposta.json()
```

O uso de async with garante que a conexão seja fechada corretamente após a requisição.

Enviando dados com POST:

Chamadas POST permitem enviar informações para APIs externas.

python

```python
@app.post("/enviar")
async def enviar_dados():
    payload = {"titulo": "FastAPI", "conteudo": "Integrações
externas"}
    async with httpx.AsyncClient() as client:
        resposta = await client.post("https://
jsonplaceholder.typicode.com/posts", json=payload)
        return resposta.json()
```

O parâmetro json=payload serializa os dados automaticamente, garantindo compatibilidade com a API de destino.

Consumindo APIs GraphQL:

APIs GraphQL utilizam consultas estruturadas para recuperar apenas os dados necessários.

Modelo de consulta GraphQL para obter informações de um usuário:

python

```python
query = """
{
  user(id: "1") {
    name
    email
  }
}
"""
```

```python
@app.get("/usuario")
async def consultar_usuario():
    async with httpx.AsyncClient() as client:
        resposta = await client.post("https://graphql-pokemon2.vercel.app", json={"query": query})
        return resposta.json()
```

O GraphQL permite recuperar múltiplos campos em uma única requisição, reduzindo a sobrecarga na API.

Autenticação em APIs de Terceiros

A autenticação é necessária para acessar serviços protegidos. Métodos comuns incluem API Keys, OAuth2 e JWT.

Utilizando API Key:

Algumas APIs exigem uma chave de acesso no cabeçalho da requisição.

python

```python
API_KEY = "sua_chave_aqui"

@app.get("/servico")
async def acessar_servico():
    headers = {"Authorization": f"Bearer {API_KEY}"}
    async with httpx.AsyncClient() as client:
        resposta = await client.get("https://api.exemplo.com/
dados", headers=headers)
        return resposta.json()
```

O cabeçalho Authorization envia a chave de acesso para autenticação.

Autenticando com OAuth2:

O OAuth2 permite login com provedores como Google, Facebook e GitHub. A obtenção de um token de acesso é necessária antes de chamar a API.

python

```python
@app.get("/login")
async def autenticar_usuario():
    dados = {"client_id": "seu_cliente", "client_secret":
"sua_senha", "grant_type": "client_credentials"}
    async with httpx.AsyncClient() as client:
        resposta = await client.post("https://
oauth2.exemplo.com/token", data=dados)
        return resposta.json()
```

O token recebido pode ser utilizado para acessar serviços protegidos.

Exemplos de Integrações Populares (pagamentos, redes sociais)

APIs externas são amplamente utilizadas para adicionar funcionalidades avançadas a aplicações.

Integração com Stripe (pagamentos):

A API do Stripe permite processar pagamentos de forma segura.

Instalação da biblioteca:

nginx

```
pip install stripe
```

Criação de um pagamento:

python

```
import stripe

stripe.api_key = "sua_chave_secreta"

@app.post("/pagar")
async def processar_pagamento():
    pagamento = stripe.PaymentIntent.create(
        amount=5000,  # Valor em centavos (50.00)
        currency="usd",
        payment_method_types=["card"]
    )
    return pagamento
```

A API retorna um identificador para que o cliente finalize o pagamento.

Integração com Twitter API:

A API do Twitter permite enviar postagens automaticamente.

Instalação da biblioteca:

nginx

```
pip install tweepy
```

Envio de um tweet:

python

```
import tweepy

auth = tweepy.OAuthHandler("consumer_key",
"consumer_secret")
auth.set_access_token("access_token", "access_token_secret")
api = tweepy.API(auth)

@app.post("/tweet")
async def postar_tweet():
    api.update_status("Publicando um tweet com FastAPI!")
    return {"mensagem": "Tweet enviado"}
```

A autenticação OAuth garante que apenas usuários autorizados possam postar.

Resolução de Erros Comuns

Erro: Requisição bloqueada pela API externa

Mensagem: 403 Forbidden
Causa: A chave de API pode estar inválida ou ausente.
Solução: Verificar se a autenticação está configurada corretamente.

Erro: Resposta lenta ou falha na conexão

Mensagem: TimeoutError
Causa: A API externa pode estar indisponível.
Solução: Implementar tempo limite nas requisições para evitar bloqueios.

python

```
async with httpx.AsyncClient(timeout=10) as client:
    resposta = await client.get("https://api.exemplo.com/dados")
```

Erro: Formato de resposta inesperado

Mensagem: KeyError: 'campo_inexistente'
Causa: A API pode ter alterado a estrutura de resposta.
Solução: Validar a resposta antes de acessar campos específicos.

python

```python
dados = resposta.json()
if "campo_desejado" in dados:
    return dados["campo_desejado"]
```

Erro: Limite de requisições excedido

Mensagem: 429 Too Many Requests
Causa: A API externa impõe restrições ao número de chamadas.
Solução: Implementar backoff exponencial para reduzir a frequência de requisições.

python

```python
import asyncio

async def tentar_requisicao():
    for tentativa in range(5):
        async with httpx.AsyncClient() as client:
            resposta = await client.get("https://api.exemplo.com/dados")
            if resposta.status_code == 200:
                return resposta.json()
            await asyncio.sleep(2 ** tentativa) # Espera exponencial
```

Boas Práticas

A integração eficiente com APIs externas melhora a experiência do usuário e amplia as funcionalidades da aplicação. Algumas recomendações incluem:

- **Utilizar chamadas assíncronas** para evitar bloqueios no servidor.

- **Gerenciar credenciais com segurança**, armazenando-as em variáveis de ambiente.

- **Validar respostas** para evitar erros inesperados na aplicação.

- **Respeitar limites de requisição**, utilizando cache para reduzir chamadas desnecessárias.

- **Implementar logging** para monitorar falhas e tempos de resposta.

APIs externas são amplamente utilizadas em fintechs, marketplaces, sistemas de notificações e redes sociais para enriquecer funcionalidades e melhorar a automação de processos.

Resumo Estratégico

A comunicação com APIs externas permite que aplicações se conectem a serviços robustos sem a necessidade de desenvolver funcionalidades do zero. O FastAPI facilita integrações com REST e GraphQL, garantindo eficiência e segurança na troca de dados.

A autenticação correta e a implementação de práticas como backoff exponencial e cache reduzem erros e otimizam a performance da API. O planejamento adequado das integrações garante escalabilidade e estabilidade para aplicações modernas.

CAPÍTULO 20. LOGGING E MONITORAMENTO

Garantir que uma API esteja funcionando corretamente exige um sistema robusto de logging e monitoramento. O registro detalhado de eventos permite rastrear requisições, identificar erros e otimizar a performance do serviço.

Ferramentas como Prometheus e Grafana permitem coletar métricas em tempo real e visualizar tendências de uso. Além disso, a configuração de alertas proativos possibilita detectar falhas antes que afetem os usuários.

A implementação adequada dessas técnicas melhora a confiabilidade e facilita a manutenção de aplicações FastAPI em produção.

Configurando Logs Detalhados para Rastreamento de Requisições

Os logs registram todas as interações da API, permitindo identificar padrões, detectar erros e auditar eventos críticos.

O Python oferece a biblioteca logging, que pode ser integrada ao FastAPI para gerar registros detalhados.

Configuração básica de logging:

A inicialização do sistema de logs pode ser feita logo na criação da API.

python

```
import logging
```

```python
from fastapi import FastAPI

# Configuração do logger
logging.basicConfig(level=logging.INFO, format="%(asctime)s -
%(levelname)s - %(message)s")

app = FastAPI()

@app.get("/status")
async def verificar_status():
    logging.info("Rota /status acessada")
    return {"mensagem": "API funcionando"}
```

Cada requisição registrada permite acompanhar quais endpoints estão sendo acessados e detectar possíveis problemas.

Adicionando logs em middlewares:

Os middlewares permitem capturar logs de todas as requisições automaticamente.

python

```python
from fastapi import Request

@app.middleware("http")
async def log_requisicoes(request: Request, call_next):
    logging.info(f"Requisição recebida: {request.method}
{request.url}")
    resposta = await call_next(request)
    logging.info(f"Resposta enviada: {resposta.status_code}")
    return resposta
```

Dessa forma, cada requisição e resposta será automaticamente registrada.

Captura de Exceções

A captura de erros evita que falhas passem despercebidas.

python

```
@app.exception_handler(Exception)
async def tratar_excecoes(request: Request, exc: Exception):
    logging.error(f"Erro inesperado: {str(exc)}")
    return {"erro": "Ocorreu um problema interno"}
```

Esse tratamento garante que falhas sejam registradas e possam ser analisadas posteriormente.

Ferramentas de monitoramento (Prometheus, Grafana)

Além dos logs, métricas em tempo real são fundamentais para avaliar o desempenho da API.

O Prometheus coleta métricas sobre tráfego, tempo de resposta e consumo de recursos. O Grafana exibe esses dados em dashboards interativos, facilitando a análise.

Configuração do Prometheus:

A biblioteca **prometheus_client** permite coletar métricas dentro da API.

Instalação:

nginx

```
pip install prometheus_client
```

Criação de um endpoint de métricas:

python

```
from prometheus_client import Counter, generate_latest
from fastapi import Response

# Contador de requisições
contador_requisicoes = Counter("total_requisicoes", "Total de requisições recebidas")
```

```
@app.get("/metrics")
async def exibir_metricas():
    return Response(content=generate_latest(),
media_type="text/plain")

@app.get("/dados")
async def acessar_dados():
    contador_requisicoes.inc()
    return {"mensagem": "Dados acessados"}
```

Cada chamada à API incrementa o contador, permitindo monitorar o uso do serviço.

Integração com Grafana:

O Grafana permite visualizar as métricas coletadas pelo Prometheus em gráficos interativos.

Passos para integração:

1. Instalar o Prometheus e configurá-lo para coletar métricas da API.
2. Criar um **dashboard no Grafana** conectando-o ao Prometheus.
3. Configurar **alertas automáticos** para detectar anomalias.

Esse sistema possibilita um monitoramento contínuo e identifica rapidamente falhas de desempenho.

Criação de alertas e Diagnósticos Proativos

Detectar problemas antes que impactem os usuários melhora a confiabilidade do sistema. Alertas automáticos podem ser configurados para identificar picos de tráfego, erros frequentes e quedas de serviço.

Criando alertas no Prometheus:

As regras de alerta podem ser definidas no arquivo

alert.rules.yml:

yaml

```
groups:
  - name: alertas_api
    rules:
      - alert: API Lenta
        expr: http_request_duration_seconds{quantile="0.99"} > 1
        for: 1m
        labels:
          severity: warning
        annotations:
          description: "Tempo de resposta alto detectado"
```

A regra descrita ativa um alerta quando o tempo de resposta ultrapassa um segundo.

Notificações com Grafana:

O Grafana pode enviar alertas via e-mail, Slack ou Telegram sempre que métricas anormais forem detectadas.

1. Criar **uma regra de alerta** no painel de métricas.
2. Configurar **um canal de notificação** para envio de mensagens.
3. Testar o disparo dos alertas simulando um aumento de carga.

A implementação desses alertas reduz o tempo de resposta a incidentes e melhora a estabilidade da API.

Reesolução de Erros Comuns

Erro: Logs não estão sendo gerados corretamente

Mensagem: Nenhuma saída no console
Causa: O nível de logging pode estar configurado incorretamente.
Solução: Ajustar level=logging.DEBUG para capturar todos os

eventos.

Erro: Prometheus não está coletando métricas

Mensagem: 404 Not Found ao acessar /metrics
Causa: O endpoint pode não estar exposto corretamente.
Solução: Verificar se @app.get("/metrics") foi configurado na API.

Erro: Tempo de resposta elevado em alta carga

Mensagem: API demora a responder sob tráfego intenso
Causa: O servidor pode estar sobrecarregado.
Solução: Implementar caching e balanceamento de carga para distribuir requisições.

Erro: Alertas não estão sendo disparados no Grafana

Mensagem: Nenhuma notificação recebida
Causa: O canal de notificação pode estar mal configurado.
Solução: Testar manualmente o envio de alertas e verificar permissões no sistema de notificações.

Boas Práticas

A configuração eficiente de logs e monitoramento melhora a manutenção e a escalabilidade da API. Algumas recomendações incluem:

- **Definir níveis de logging** apropriados para capturar eventos críticos sem sobrecarregar o sistema.

- **Implementar métricas de desempenho**, como tempo de resposta e número de requisições.

- **Utilizar alertas proativos** para identificar problemas antes que causem impacto.

- **Armazenar logs de longo prazo** para auditoria e análise de tendências.

- **Monitorar padrões de tráfego** para prever aumento de demanda e ajustar a infraestrutura.

APIs empresariais, aplicações financeiras e serviços críticos se beneficiam diretamente dessas práticas, garantindo alta disponibilidade e confiabilidade.

Resumo Estratégico

A implementação de logging e monitoramento permite rastrear o funcionamento da API, detectar falhas rapidamente e otimizar o desempenho. A integração com Prometheus e Grafana adiciona visibilidade em tempo real sobre métricas essenciais, enquanto a configuração de alertas proativos ajuda a evitar incidentes graves.

A aplicação dessas técnicas resulta em APIs mais robustas, seguras e preparadas para operar sob qualquer nível de demanda.

CAPÍTULO 21. SEGURANÇA

A segurança de APIs é um aspecto crítico para evitar ataques, vazamento de dados e comprometimento da infraestrutura. Aplicações expostas na internet são alvos constantes de tentativas de exploração, exigindo a implementação de políticas de proteção, criptografia de dados e validação rigorosa de entrada.

A aplicação correta de CORS, CSRF, rate limiting e a prevenção contra SQL Injection e XSS fortalece a segurança da API. Além disso, o uso de técnicas criptográficas e boas práticas reduz vulnerabilidades e melhora a confiabilidade do serviço.

Políticas de CORS, CSRF e Rate Limiting

As políticas de segurança HTTP controlam como a API interage com outras aplicações, protegendo contra acessos não autorizados e ataques automatizados.

Configurando CORS no FastAPI:

O Cross-Origin Resource Sharing (CORS) define quais origens externas podem acessar a API. Sem uma configuração adequada, qualquer site pode tentar consumir os serviços expostos.

A biblioteca **fastapi.middleware.cors** permite definir essas restrições.

python

```
from fastapi import FastAPI
from fastapi.middleware.cors import CORSMiddleware
```

```python
app = FastAPI()

# Configuração de CORS
app.add_middleware(
    CORSMiddleware,
    allow_origins=["https://meusite.com"],  # Origem permitida
    allow_credentials=True,
    allow_methods=["GET", "POST"],  # Métodos autorizados
    allow_headers=["Authorization"],  # Cabeçalhos permitidos
)
```

O bloqueio de origens desconhecidas impede que aplicações não autorizadas consumam a API.

Prevenção contra CSRF:

O Cross-Site Request Forgery (CSRF) força um usuário autenticado a executar ações não intencionais em um serviço. Aplicações que utilizam cookies de autenticação devem validar se as requisições vêm de fontes legítimas.

Uma estratégia para evitar CSRF é exigir um token anti-CSRF em cada requisição.

python

```python
from fastapi import Request, HTTPException

@app.post("/transacao")
async def processar_transacao(request: Request):
    token_csrf = request.headers.get("X-CSRF-Token")
    if not token_csrf or token_csrf != "token-seguro":
        raise HTTPException(status_code=403, detail="CSRF detectado")
    return {"status": "sucesso"}
```

A API rejeita requisições que não contenham um token válido.

Implementando Rate Limiting:

O Rate Limiting limita o número de requisições permitidas em um intervalo de tempo para evitar ataques de força bruta e DoS.

A biblioteca slowapi permite adicionar essa funcionalidade ao FastAPI.

Instalação:

nginx

```
pip install slowapi
```

Configuração do limitador:

python

```
from slowapi import Limiter
from slowapi.util import get_remote_address
from fastapi import Request

limiter = Limiter(key_func=get_remote_address)

@app.get("/dados")
@limiter.limit("5/minute")   # Máximo de 5 requisições por minuto
async def acessar_dados(request: Request):
    return {"mensagem": "Requisição aceita"}
```

Essa abordagem evita abuso de chamadas à API.

Prevenção de ataques comuns (SQL Injection, XSS):

Ataques como SQL Injection e Cross-Site Scripting (XSS) exploram falhas na validação de entrada de dados. A proteção contra essas ameaças é fundamental para evitar comprometimento da API.

Proteção contra SQL Injection:

O SQL Injection ocorre quando entradas não sanitizadas são executadas diretamente em consultas SQL. A utilização de ORMs como SQLAlchemy evita essa vulnerabilidade.

Exemplo de código inseguro:

python

```
@app.get("/usuario/{id}")
async def obter_usuario(id: str):
    consulta = f"SELECT * FROM usuarios WHERE id = {id}" #
VULNERÁVEL A SQL INJECTION
    return executar_sql(consulta)
```

Se um atacante enviar id=1 OR 1=1, a consulta retornará todos os usuários.

Forma segura utilizando SQLAlchemy:

python

```
from sqlalchemy.orm import Session
from sqlalchemy import select
from database import engine, Usuario

@app.get("/usuario/{id}")
async def obter_usuario(id: int):
    with Session(engine) as session:
        usuario =
session.execute(select(Usuario).where(Usuario.id == id)).first()
        return usuario
```

A parametrização da consulta impede a execução de comandos maliciosos.

Proteção contra XSS:

O Cross-Site Scripting (XSS) permite que um invasor injete scripts maliciosos em campos de entrada.

Para evitar esse tipo de ataque, é essencial sanitizar dados recebidos da web.

Código vulnerável:

python

```
@app.post("/comentario")
async def publicar_comentario(texto: str):
    return {"comentario": texto}  # Pode permitir a execução de
scripts injetados
```

Forma segura utilizando **escape de HTML**:

python

```
import html

@app.post("/comentario")
async def publicar_comentario(texto: str):
    return {"comentario": html.escape(texto)}
```

Essa técnica impede a execução de scripts maliciosos nos navegadores dos usuários.

Revisão de Técnicas Criptográficas

A criptografia de dados garante a segurança de informações sensíveis como senhas e tokens de acesso.

Hashing seguro de senhas:

O armazenamento seguro de senhas evita que informações de usuários sejam comprometidas. O **bcrypt** é uma das melhores opções para hashing de senhas.

Instalação:

nginx

```
pip install bcrypt
```

Criação e verificação de hash:

python

```python
import bcrypt

def hash_senha(senha: str) -> str:
    salt = bcrypt.gensalt()
    return bcrypt.hashpw(senha.encode(), salt).decode()

def verificar_senha(senha: str, hash_senha: str) -> bool:
    return bcrypt.checkpw(senha.encode(),
hash_senha.encode())
```

Senhas nunca devem ser armazenadas em texto puro no banco de dados.

Armazenamento seguro de tokens de acesso:

Tokens de autenticação como JWT devem ser protegidos contra vazamentos.

A configuração de tempo de expiração curto e renovação automática reduz o risco de reutilização indevida.

python

```python
from datetime import datetime, timedelta
from jose import jwt

CHAVE_SECRETA = "chave-secreta"
ALGORITMO = "HS256"

def gerar_token(usuario_id: str):
    expiracao = datetime.utcnow() + timedelta(hours=1)
    return jwt.encode({"sub": usuario_id, "exp": expiracao},
CHAVE_SECRETA, algorithm=ALGORITMO)
```

Tokens expirados são inválidos, reduzindo a chance de reutilização maliciosa.

Resolução de Erros Comuns

Erro: CORS bloqueia chamadas legítimas

Mensagem: Blocked by CORS policy
Causa: A API não permite acesso de origens confiáveis.
Solução: Configurar allow_origins corretamente no middleware CORS.

Erro: SQL Injection ainda é possível

Mensagem: Todos os registros foram retornados indevidamente
Causa: Entrada de usuário sendo concatenada diretamente em consultas SQL.
Solução: Utilizar ORMs e consultas parametrizadas.

Erro: Senhas vazadas no banco de dados

Mensagem: Banco de dados comprometido com senhas em texto puro
Causa: Senhas não estão sendo armazenadas com hashing seguro.
Solução: Aplicar bcrypt para criptografia de senhas.

Erro: API sendo sobrecarregada por múltiplas requisições

Mensagem: Serviço lento ou indisponível devido a tráfego excessivo
Causa: Falta de Rate Limiting.
Solução: Implementar limitação de requisições com slowapi.

Boas Práticas

A aplicação de medidas de segurança fortalece a proteção da API contra ataques. Algumas recomendações incluem:

- **Bloquear acessos não autorizados via CORS.**

- Sanitizar entradas para evitar SQL Injection e XSS.

- **Implementar rate limiting** para evitar abuso de chamadas.

- **Utilizar autenticação forte e criptografia para senhas e tokens.**

APIs de pagamentos, serviços financeiros e sistemas de login se beneficiam diretamente dessas práticas.

Resumo Estratégico

A segurança de APIs exige a implementação de políticas de proteção, criptografia e validação rigorosa de entrada. A configuração de CORS, rate limiting e autenticação segura reduz vulnerabilidades e melhora a confiabilidade da aplicação.

A aplicação contínua de métodos como os descritos garante que a API esteja preparada para lidar com ameaças em produção.

CAPÍTULO 22. HOSPEDAGEM SERVERLESS

A arquitetura serverless simplifica o gerenciamento de infraestrutura ao eliminar a necessidade de servidores dedicados, permitindo que aplicações sejam executadas sob demanda. Serviços de Functions as a Service (FaaS), como AWS Lambda, Google Cloud Functions e Azure Functions, oferecem escalabilidade automática e reduzem custos operacionais.

A adaptação do FastAPI para ambientes serverless exige ajustes na estrutura da aplicação para garantir eficiência na inicialização, otimização do tempo de resposta e compatibilidade com os provedores.

A correta configuração dos handlers de requisição, o gerenciamento de dependências e o controle de tempo de execução são fundamentais para o sucesso da implantação serverless.

Conceitos de Serverless e FaaS (Functions as a Service)

A arquitetura serverless permite que funções sejam executadas sob demanda, sem a necessidade de servidores dedicados. Diferente dos modelos tradicionais, onde a aplicação fica constantemente ativa, em um ambiente FaaS, o código é carregado apenas quando uma requisição é recebida.

Benefícios do modelo serverless:

- **Escalabilidade automática**: a infraestrutura aloca recursos conforme a demanda, eliminando a necessidade de provisionamento manual.

- **Custo reduzido**: cobranças são feitas apenas pelo tempo de execução das funções, otimizando o orçamento.

- **Facilidade de manutenção**: os provedores gerenciam a infraestrutura, reduzindo a necessidade de atualizações manuais.

Desafios do modelo serverless:

- **Cold start**: funções que não são utilizadas com frequência podem ter tempos de inicialização elevados.

- **Limitações de tempo de execução**: algumas plataformas restringem a duração de cada função.

- **Gerenciamento de estado**: como as funções são efêmeras, o uso de bancos de dados externos é necessário para armazenamento persistente.

Adaptando FastAPI para AWS Lambda,

Google Cloud Functions e Outros Serviços

A execução do FastAPI em um ambiente serverless exige a adaptação dos handlers de requisição para funcionar corretamente dentro do modelo de FaaS.

Deploy no AWS Lambda:

O AWS Lambda permite executar código Python sob demanda. Como o FastAPI utiliza Uvicorn para gerenciar requisições, é necessário adaptar a aplicação para rodar em um ambiente sem servidor web tradicional.

Instalação do Mangum, que converte a aplicação FastAPI para o modelo de execução do AWS Lambda:

nginx

```
pip install mangum
```

Código de inicialização para compatibilidade com o Lambda:

python

```python
from fastapi import FastAPI
from mangum import Mangum

app = FastAPI()

@app.get("/ping")
async def ping():
    return {"mensagem": "API funcionando no AWS Lambda"}

# Adaptador para AWS Lambda
handler = Mangum(app)
```

A função handler permite que o AWS Lambda processe requisições HTTP de forma compatível com a API Gateway.

Deploy no Google Cloud Functions:

No Google Cloud Functions, a API deve ser adaptada para receber eventos HTTP sem um servidor dedicado.

Criação do arquivo main.py:

python

```python
from fastapi import FastAPI
from mangum import Mangum

app = FastAPI()

@app.get("/")
async def home():
    return {"mensagem": "Executando no Google Cloud Functions"}
```

```
handler = Mangum(app)
```

Arquivo de configuração requirements.txt:

nginx

```
fastapi
mangum
```

Deploy no Google Cloud Functions via CLI:

css

```
gcloud functions deploy minha-api --runtime python39 --
trigger-http --allow-unauthenticated
```

Essa configuração torna a API acessível via HTTP sem necessidade de servidores dedicados.

Deploy no Azure Functions:

No Azure Functions, a API FastAPI pode ser adaptada utilizando Azure Functions HTTP Trigger.

Criação do arquivo function.json:

json

```
{
  "bindings": [
    {
      "authLevel": "function",
      "type": "httpTrigger",
      "direction": "in",
      "name": "req",
      "methods": ["get", "post"]
    }
  ]
}
```

}

Criação da função de resposta HTTP em __init__.py:

python

```python
import azure.functions as func
from fastapi import FastAPI
from mangum import Mangum

app = FastAPI()

@app.get("/")
async def home():
    return {"mensagem": "Executando no Azure Functions"}

handler = Mangum(app)
```

O Azure Functions processa requisições HTTP e gerencia a execução da API automaticamente.

Boas Práticas de Otimização em Ambientes Serverless

A execução eficiente de aplicações FastAPI em ambientes serverless depende de otimizações para reduzir tempos de cold start e melhorar a performance.

Minimizando tempo de inicialização:

O tempo de inicialização é um fator crítico para aplicações serverless. Algumas estratégias para reduzir cold start incluem:

- Evitar dependências desnecessárias para reduzir o tempo de carregamento do ambiente.

- Utilizar pacotes otimizados para execução em serverless, como Mangum.

- Manter funções leves, limitando a complexidade do código dentro de cada execução.

Reduzindo tempo de resposta:

O tempo de resposta pode ser otimizado utilizando caching e pré-aquecimento de funções.

Utilizando cache em memória com Redis:

python

```
import aioredis

redis = aioredis.from_url("redis://localhost:6379")

@app.get("/dados")
async def obter_dados():
    cache = await redis.get("dados")
    if cache:
        return {"dados": cache}
    dados = {"valor": "resultado pesado"}
    await redis.set("dados", dados["valor"])
    return dados
```

Essa abordagem reduz o número de execuções desnecessárias e melhora a performance da API.

Configurando Autoescalonamento

O autoescalonamento ajusta automaticamente a quantidade de instâncias conforme a demanda.

No AWS Lambda, o Provisioned Concurrency mantém funções aquecidas para minimizar o cold start.

sh

```
aws lambda put-provisioned-concurrency-config --function-
name minha-api --provisioned-concurrent-executions 5
```

Tal configuração mantém 5 instâncias pré-aquecidas para respostas mais rápidas.

Resolução de Erros Comuns

Erro: API não responde no AWS Lambda

Mensagem: Internal Server Error
Causa: O FastAPI precisa de um adaptador compatível com o Lambda.
Solução: Utilizar Mangum para adaptação.

Erro: Tempo de inicialização alto

Mensagem: High cold start latency
Causa: Muitas dependências sendo carregadas na inicialização.
Solução: Remover pacotes desnecessários e utilizar armazenamento externo para grandes volumes de dados.

Erro: Função expira antes da execução completa

Mensagem: Timeout exceeded
Causa: Tempo de execução do Lambda muito curto.
Solução: Aumentar o limite de tempo no AWS Lambda:

sh

```
aws lambda update-function-configuration --function-name minha-api --timeout 30
```

Erro: Função serverless não consegue acessar banco de dados

Mensagem: Connection refused
Causa: Ambientes serverless não possuem conexão persistente com bancos de dados tradicionais.
Solução: Utilizar bancos de dados serverless, como DynamoDB ou Firebase.

Boas Práticas

A hospedagem serverless melhora a escalabilidade e reduz

custos, mas requer planejamento. Algumas recomendações incluem:

- **Evitar código pesado na inicialização** para reduzir o tempo de cold start.

- **Utilizar banco de dados compatível com serverless**, evitando conexões persistentes.

- **Configurar autoescalonamento** para lidar com picos de tráfego.

- **Utilizar logs e monitoramento** para identificar problemas de execução.

Aplicações serverless são ideais para APIs públicas, microsserviços e processamento assíncrono, garantindo escalabilidade sem necessidade de gerenciamento manual de infraestrutura.

Resumo Estrtégico

A execução de FastAPI em ambientes serverless oferece uma alternativa escalável e econômica para hospedar APIs. O uso de AWS Lambda, Google Cloud Functions e Azure Functions permite execução sob demanda, reduzindo custos operacionais.

A otimização da inicialização, o gerenciamento de conexões e a implementação de caching são essenciais para garantir alta performance em serverless.

CAPÍTULO 23. CACHE E OTIMIZAÇÃO DE DESEMPENHO

A performance de uma API define sua escalabilidade e capacidade de resposta sob carga. Aplicações que lidam com um alto volume de requisições precisam de estratégias para otimizar tempos de resposta, reduzir consumo de recursos e garantir eficiência operacional.

A implementação de cache, a utilização de compressão de respostas e o uso de ETags são técnicas fundamentais para minimizar latência e otimizar a entrega de dados. O monitoramento contínuo permite identificar gargalos e ajustar a infraestrutura conforme necessário.

Configurando Caches em Endpoints (Redis, Memcached)

O cache reduz a necessidade de processamento repetitivo ao armazenar respostas frequentemente acessadas. Ferramentas como Redis e Memcached oferecem uma camada de armazenamento rápido para otimizar chamadas à API.

Configuração de cache com Redis:

O Redis é um banco de dados em memória que armazena chaves e valores para acesso rápido.

Instalação do Redis e do driver para Python:

nginx

```
pip install aioredis
```

Exemplo de cache em um endpoint FastAPI:

python

```python
import aioredis
from fastapi import FastAPI

app = FastAPI()

# Conexão com o Redis
redis = aioredis.from_url("redis://localhost:6379")

@app.get("/dados")
async def obter_dados():
    cache = await redis.get("dados")
    if cache:
        return {"dados": cache.decode()}

    # Caso não haja cache, busca os dados e armazena
    dados = {"valor": "resultado processado"}
    await redis.set("dados", dados["valor"], ex=60)  # Expiração
em 60 segundos
    return dados
```

O uso de cache evita processamento repetitivo, melhorando tempos de resposta.

Configuração de cache com Memcached:

Memcached também armazena dados em memória, mas é mais indicado para aplicações distribuídas.

Instalação da biblioteca:

nginx

```nginx
pip install pymemcache
```

Modelo para integração com FastAPI:

python

```python
from pymemcache.client import base
from fastapi import FastAPI

app = FastAPI()
memcache = base.Client(("localhost", 11211))

@app.get("/dados")
async def obter_dados():
    cache = memcache.get("dados")
    if cache:
        return {"dados": cache.decode()}

    # Processamento e armazenamento no cache
    dados = {"valor": "resultado processado"}
    memcache.set("dados", dados["valor"], expire=60)  #
Expiração em 60 segundos
    return dados
```

O Memcached é ideal para cargas de trabalho que exigem alta disponibilidade de leitura.

Estratégias de Otimização:

Compressão de Respostas, ETags

Além do cache, técnicas adicionais podem reduzir a quantidade de dados trafegados e melhorar a eficiência da API.

Compressão de respostas:

A compressão reduz o tamanho das respostas HTTP, acelerando o carregamento de dados. A biblioteca gzip permite aplicar essa técnica ao FastAPI.

Instalação do middleware:

nginx

```
pip install fastapi-compress
```

Configuração do middleware de compressão:

python

```
from fastapi import FastAPI
from fastapi_compress import CompressionMiddleware

app = FastAPI()

# Ativando compressão automática
app.add_middleware(CompressionMiddleware)

@app.get("/texto")
async def texto_grande():
    return {"mensagem": "Texto longo comprimido para otimizar a resposta"}
```

A compressão é recomendada para respostas JSON grandes e arquivos estáticos.

Implementação de ETags:

As ETags permitem que clientes reutilizem respostas previamente armazenadas, evitando o reenvio de dados inalterados.

Adição de ETags às respostas HTTP:

python

```
from fastapi import Response

@app.get("/dados")
async def dados(response: Response):
    dados = {"valor": "conteúdo inalterado"}
    response.headers["ETag"] = "abc123"
```

```
return dados
```

Se o cliente já tiver uma versão armazenada com a mesma ETag, a API pode responder com 304 Not Modified, economizando largura de banda.

Medindo Performance e Identificando Gargalos

A análise de desempenho permite detectar pontos de lentidão e otimizar a infraestrutura.

Utilizando o middleware de tempo de resposta:

A medição do tempo de resposta pode ser feita adicionando um **middleware** ao FastAPI.

python

```python
from time import time
from fastapi import Request

@app.middleware("http")
async def medir_tempo(request: Request, call_next):
    inicio = time()
    resposta = await call_next(request)
    duracao = time() - inicio
    resposta.headers["X-Response-Time"] = str(duracao)
    return resposta
```

Esse middleware adiciona um cabeçalho HTTP com o tempo total da requisição.

Utilizando Prometheus para métricas:

O Prometheus permite coletar métricas detalhadas sobre uso de CPU, tempo de resposta e número de requisições.

Instalação da biblioteca:

nginx

```
pip install prometheus_client
```

Criação de um endpoint de métricas:

python

```python
from prometheus_client import Counter, Histogram,
generate_latest
from fastapi import Response

# Contador de requisições
contador_requisicoes = Counter("total_requisicoes", "Total de
requisições recebidas")
tempo_resposta = Histogram("tempo_resposta", "Duração das
respostas")

@app.get("/metrics")
async def metricas():
    return Response(content=generate_latest(),
media_type="text/plain")

@app.get("/dados")
async def acessar_dados():
    with tempo_resposta.time():
        contador_requisicoes.inc()
        return {"mensagem": "Métricas coletadas"}
```

Os dados coletados podem ser visualizados no Grafana, facilitando a análise de desempenho.

Resolução de Erros Comuns

Erro: Cache não está armazenando os dados corretamente

Mensagem: NoneType returned instead of cached data
Causa: O Redis ou Memcached pode estar offline.
Solução: Verificar a conexão e testar manualmente a inserção de valores.

Erro: Respostas grandes estão lentas para carregar

Mensagem: Long load times for API responses
Causa: Falta de compressão.
Solução: Habilitar gzip para otimizar o tráfego de rede.

Erro: API responde com o mesmo conteúdo repetidamente sem otimização

Mensagem: Excessive data transfer
Causa: Falta de implementação de ETags.
Solução: Adicionar suporte a ETags para evitar transferências desnecessárias.

Erro: API apresenta alta latência sob carga intensa

Mensagem: High response time under load
Causa: Processamento excessivo em cada requisição.
Solução: Implementar cache e Redis para reduzir o processamento repetitivo.

Boas Práticas

A otimização de desempenho melhora a escalabilidade da API e reduz custos de infraestrutura. Algumas recomendações incluem:

- **Armazenar respostas em cache** para reduzir o tempo de processamento.

- **Habilitar compressão de respostas** para economizar largura de banda.

- **Utilizar ETags** para evitar transferências desnecessárias de dados.

- **Monitorar *tempos de resposta*** para identificar gargalos.

- **Evitar consultas repetitivas ao banco de dados**,

utilizando Redis ou Memcached.

Aplicações que lidam com grande volume de usuários, APIs públicas e serviços de alta concorrência se beneficiam diretamente dessas práticas.

Resumo Estratégico

A aplicação eficiente de cache e otimizações de desempenho melhora tempos de resposta e reduz consumo de recursos. A utilização de Redis e Memcached, junto com compressão e ETags, permite que APIs FastAPI escalem de forma eficiente.

A análise contínua de métricas e a identificação de gargalos garantem que a API permaneça responsiva sob qualquer nível de carga. Aplicar essas estratégias resulta em um serviço mais rápido, estável e preparado para ambientes de alta demanda.

CAPÍTULO 24.
INTERNACIONALIZAÇÃO
E LOCALIZAÇÃO

APIs modernas atendem usuários de diferentes países e culturas, exigindo suporte a múltiplos idiomas e formatações regionais. A internacionalização (i18n) e a localização (l10n) garantem que a aplicação seja acessível para públicos diversos, ajustando textos, formatos de data, moeda e outras convenções regionais.

O FastAPI permite a integração com bibliotecas especializadas para gerenciar traduções e adaptar respostas conforme a região do usuário.

Adicionando Suporte a Múltiplos Idiomas

A internacionalização permite que textos e mensagens sejam traduzidos dinamicamente, sem necessidade de modificar o código-fonte. Para isso, é necessário um mecanismo de detecção de idioma e uma estrutura de arquivos de tradução.

A biblioteca Babel é amplamente utilizada para lidar com internacionalização em Python.

Instalação da biblioteca:

nginx

```
pip install Babel
```

Criação de um arquivo translations.py com os textos traduzidos:

python

```
from babel.support import Translations

translations = {
    "en": Translations.load("locales", locales=["en"]),
    "es": Translations.load("locales", locales=["es"]),
    "fr": Translations.load("locales", locales=["fr"])
}
```

Detectando o idioma preferido do usuário a partir do cabeçalho HTTP:

python

```
from fastapi import FastAPI, Request

app = FastAPI()

@app.get("/mensagem")
async def mensagem(request: Request):
    idioma = request.headers.get("Accept-Language", "en")[:2] # Detecta idioma no cabeçalho
    traducao = translations.get(idioma, translations["en"]) # Padrão para inglês
    return {"mensagem": traducao.gettext("Olá, seja bem-vindo!")}
```

Essa configuração permite que a API retorne mensagens no idioma correto, conforme o cabeçalho da requisição.

Estratégias para Gerenciar Traduções e Formatações Regionais

As traduções podem ser armazenadas em arquivos .po e .mo, que são suportados por ferramentas como gettext.

Criando arquivos de tradução

1. Criar a estrutura de diretórios:

bash

```
locales/
├── en/LC_MESSAGES/messages.po
├── es/LC_MESSAGES/messages.po
├── fr/LC_MESSAGES/messages.po
```

2. **Adicionar textos traduzidos no arquivo** messages.po:

po

```
msgid "Olá, seja bem-vindo!"
msgstr "Hello, welcome!"  # Tradução para inglês
```

3. **Compilar os arquivos** .po **para** .mo **usando** msgfmt:

bash

```
msgfmt locales/en/LC_MESSAGES/messages.po -o locales/en/LC_MESSAGES/messages.mo
```

4. **Carregar os arquivos compilados no código:**

python

```
from gettext import translation

traducao = translation("messages", localedir="locales", languages=["en"])
```

Essa estrutura permite a adição de novos idiomas sem modificar a lógica da aplicação.

Adaptando Formatação de Datas e Moedas

As convenções regionais variam entre países. A biblioteca Babel facilita a adaptação de datas, moedas e números.

Formatando datas conforme o idioma:

python

```python
from babel.dates import format_date
from datetime import date

data = date.today()
print(format_date(data, format="long", locale="fr"))  # Exibe "13
mars 2025"
```

Formatando valores monetários corretamente:

python

```python
from babel.numbers import format_currency

valor = 1999.99
print(format_currency(valor, "USD", locale="en_US"))  # Exibe
"$1,999.99"
print(format_currency(valor, "EUR", locale="fr_FR"))  # Exibe "1
999,99 €"
```

Esse método garante que cada usuário veja os valores e datas no formato correto.

Exemplo de Integração com Bibliotecas i18n:

A biblioteca FastAPI-Babel facilita a tradução automática de textos dentro da API.

Instalação:

nginx

```nginx
pip install fastapi-babel
```

Configuração do suporte a múltiplos idiomas:

python

```python
from fastapi import FastAPI
from fastapi_babel import BabelMiddleware
```

```
app = FastAPI()

# Middleware de internacionalização
babel_middleware = BabelMiddleware(locales_dir="locales",
default_locale="en")
app.add_middleware(babel_middleware)

@app.get("/saudacao")
async def saudacao():
    return {"mensagem": babel_middleware.gettext("Olá, seja
bem-vindo!")}
```

O FastAPI detecta automaticamente o idioma do usuário e retorna as mensagens traduzidas.

Resolução de Erros Comuns

Erro: Tradução não está sendo aplicada corretamente

Mensagem: Texto ainda aparece no idioma original
Causa: O arquivo .mo pode não ter sido gerado corretamente.
Solução: Compilar os arquivos de tradução novamente com msgfmt.

Erro: O idioma não está sendo detectado corretamente

Mensagem: A API sempre retorna em inglês, mesmo alterando o Accept-Language
Causa: O cabeçalho da requisição pode estar sendo ignorado.
Solução: **Verificar se** request.headers.get("Accept-Language") está sendo processado corretamente.

Erro: Datas e moedas não aparecem no formato correto

Mensagem: Valores monetários exibidos de forma incorreta
Causa: O Babel pode estar utilizando um locale incorreto.
Solução: Garantir que format_currency e format_date estão recebendo o locale adequado.

Boas Práticas

A internacionalização melhora a acessibilidade da API e amplia o público atendido. Algumas recomendações incluem:

- **Armazenar traduções em arquivos** .po e .mo, facilitando a manutenção.

- **Utilizar Babel para formatação correta de datas e moedas.**

- **Permitir a seleção de idioma via cabeçalho HTTP.**

- **Criar logs para detectar falhas na tradução.**

- **Evitar traduzir identificadores e chaves de resposta**, mantendo padrões universais.

APIs de e-commerce, fintechs e plataformas educacionais frequentemente utilizam internacionalização para atender usuários globais.

Resumo Estratégico

A internacionalização e localização garantem que a API seja acessível para usuários de diferentes países, adaptando textos, datas e moedas conforme as convenções regionais.

A implementação correta de suporte a idiomas permite escalar a aplicação globalmente, melhorando a experiência do usuário e aumentando a aceitação em mercados internacionais.

CAPÍTULO 25. OBSERVABILIDADE E MONITORAMENTO

APIs modernas precisam ser monitoradas de forma eficiente para garantir disponibilidade, detectar falhas rapidamente e otimizar a performance. A observabilidade une três pilares essenciais: logs, métricas e tracing, permitindo que desenvolvedores analisem o comportamento da aplicação em tempo real.

Ferramentas como Jaeger e OpenTelemetry possibilitam rastrear requisições de ponta a ponta, enquanto a coleta de métricas detalhadas permite identificar gargalos de desempenho e comportamentos anômalos.

A integração dessas técnicas facilita a depuração e reduz o tempo necessário para a resolução de problemas, tornando o sistema mais estável e confiável.

Ferramentas de Tracing (Jaeger, OpenTelemetry)

O tracing distribuído permite rastrear cada requisição que passa por diferentes serviços dentro de uma aplicação. Isso é especialmente útil para arquiteturas baseadas em microsserviços, onde uma solicitação pode atravessar múltiplos componentes antes de ser respondida.

Implementação de tracing com OpenTelemetry:

O OpenTelemetry fornece uma solução padrão para instrumentação de aplicações, permitindo capturar logs, métricas e traces em um único ecossistema.

Instalação da biblioteca necessária:

nginx

```
pip install opentelemetry-api opentelemetry-sdk
opentelemetry-exporter-jaeger
```

Configuração do rastreamento no FastAPI:

python

```
from fastapi import FastAPI
from opentelemetry.sdk.trace import TracerProvider
from opentelemetry.sdk.trace.export import
BatchSpanProcessor
from opentelemetry.exporter.jaeger.thrift import
JaegerExporter

# Configuração do provedor de traces
tracer_provider = TracerProvider()
tracer_provider.add_span_processor(
    BatchSpanProcessor(JaegerExporter(agent_host_name="loca
lhost", agent_port=6831))
)

app = FastAPI()

@app.get("/processo")
async def processo():
    with
tracer_provider.tracer.start_as_current_span("processo_execut
ado"):
        return {"mensagem": "Requisição rastreada"}
```

O Jaeger coleta e exibe os dados de tracing, permitindo visualizar o caminho completo de cada requisição.

Visualizando tracing no Jaeger:

1. Iniciar o Jaeger via Docker:

bash

```
docker run -d --name jaeger -p 16686:16686 -p 6831:6831/udp
jaegertracing/all-in-one
```

2. Acessar a interface web em http://localhost:16686 para visualizar as requisições rastreadas.

Esse processo facilita a depuração de latências e gargalos em aplicações distribuídas.

Coleta de Métricas em Aplicações Distribuídas

A análise contínua de métricas permite identificar padrões de uso e prever possíveis falhas antes que afetem os usuários.

Configurando Métricas com OpenTelemetry e Prometheus:

A combinação de OpenTelemetry e Prometheus permite capturar e armazenar métricas detalhadas da API.

Instalação das bibliotecas necessárias:

nginx

```
pip install opentelemetry-instrumentation-fastapi
opentelemetry-exporter-prometheus
```

Adição de métricas ao FastAPI:

python

```
from fastapi import FastAPI
from prometheus_client import generate_latest
from fastapi.responses import Response
from opentelemetry.instrumentation.fastapi import
FastAPIInstrumentor
```

```
app = FastAPI()
FastAPIInstrumentor.instrument_app(app)

@app.get("/metrics")
async def metrics():
    return Response(content=generate_latest(),
media_type="text/plain")
```

O endpoint pode ser consultado pelo Prometheus para coletar estatísticas detalhadas sobre tempo de resposta, número de requisições e uso de recursos.

Visualização com Grafana

A integração com o Grafana permite criar painéis interativos para monitoramento em tempo real.

1. Iniciar o Prometheus via Docker:

arduino

```
docker run -d --name=prometheus -p 9090:9090 prom/
prometheus
```

2. Configurar o Prometheus para coletar métricas do FastAPI.

3. Adicionar o Prometheus como fonte de dados no Grafana para visualizar as métricas em gráficos dinâmicos.

Tal abordagem melhora a análise de desempenho e a detecção de problemas antes que impactem os usuários.

Integração de Logs, Métricas e Traces para Depuração Eficaz

A combinação de logs, métricas e tracing cria um ecossistema completo de observabilidade, permitindo a análise detalhada do comportamento da aplicação.

Utilizando logs estruturados:

Os logs registram eventos importantes da aplicação e devem ser formatados de maneira clara para facilitar a análise.

Instalação da biblioteca estruturada:

nginx

```
pip install structlog
```

Configuração de logs formatados para JSON:

python

```
import structlog
from fastapi import FastAPI

app = FastAPI()

# Configuração do logger
logger = structlog.get_logger()

@app.get("/log")
async def gerar_log():
    logger.info("Requisição recebida", endpoint="/log")
    return {"mensagem": "Log gerado"}
```

Logs formatados em JSON podem ser facilmente processados por ferramentas de monitoramento.

Integração de logs com tracing:

Os logs podem ser correlacionados com as traces geradas pelo OpenTelemetry, facilitando a depuração de falhas.

python

```
from opentelemetry.trace import get_current_span
```

```
@app.get("/trace-log")
async def trace_log():
    span = get_current_span()
    logger.info("Processo                      registrado",
trace_id=span.get_span_context().trace_id)
    return {"mensagem": "Evento registrado com tracing"}
```

Assim, permite-se correlacionar logs e traces em uma única visualização no Jaeger ou Grafana.

Resolução de Erros Comuns

Erro: Tracing não aparece no Jaeger

Mensagem: Nenhum dado encontrado no painel do Jaeger
Causa: O agente do Jaeger pode não estar configurado corretamente.
Solução: Verificar se o Jaeger está rodando e se a porta 6831 está acessível.

Erro: Métricas não estão sendo coletadas no Prometheus

Mensagem: Target not found in Prometheus
Causa: O Prometheus pode não estar configurado para capturar os dados da API.
Solução: Adicionar o endpoint /metrics na configuração do Prometheus.

Erro: Logs não aparecem no formato correto

Mensagem: Saída de logs não estruturada
Causa: O logger pode não estar configurado corretamente.
Solução: Utilizar structlog para garantir logs estruturados em JSON.

Boas Práticas

A implementação eficaz de observabilidade melhora a manutenção e escalabilidade da API. Algumas recomendações incluem:

- **Instrumentar a API com tracing distribuído** para rastrear requisições em microsserviços.

- **Coletar métricas detalhadas** para detectar gargalos de desempenho.

- **Utilizar logs estruturados** para facilitar a análise automatizada.

- **Correlacionar logs, métricas e tracing** para depuração mais eficiente.

- **Configurar alertas no Grafana** para detectar anomalias rapidamente.

APIs empresariais, sistemas financeiros e aplicações críticas utilizam essas práticas para garantir alta disponibilidade e resposta rápida a incidentes.

Resumo Estratégico

A observabilidade e monitoramento avançado permitem que APIs sejam gerenciadas de forma eficiente, garantindo desempenho e confiabilidade. A instrumentação com OpenTelemetry, Jaeger e Prometheus possibilita rastrear requisições, coletar métricas e identificar problemas antes que impactem os usuários.

A integração entre logs, métricas e tracing cria um ecossistema robusto para análise de comportamento e depuração rápida de falhas. A aplicação dessas estratégias melhora a estabilidade e escalabilidade da API, tornando-a mais eficiente em ambientes de produção.

CONCLUSÃO FINAL

A jornada percorrida ao longo destes 25 capítulos apresentou de maneira gradual as múltiplas facetas do desenvolvimento web com Python e FastAPI. Em cada etapa, foi possível observar o equilíbrio entre fundamentos tradicionais e recursos modernos que tornam o FastAPI uma opção valiosa para a criação de APIs robustas, seguras e escaláveis. Essa combinação de visão tradicional e tecnologias inovadoras forma uma base sólida para qualquer desenvolvedor que pretenda criar serviços eficientes, seja em projetos de pequeno porte ou em plataformas empresariais de grande escala.

O ponto de partida, no Capítulo 1, foi a compreensão do que é FastAPI. O panorama abrangeu a história do surgimento desse framework, que emerge como resposta às demandas de alto desempenho e tipagem estática no ecossistema Python. Houve também a comparação com frameworks mais tradicionais, como Flask e Django, revelando diferenças substanciais. Enquanto Flask prima pela simplicidade e Django se destaca como uma solução completa, o FastAPI traz o melhor de ambos: facilidade de uso, flexibilidade e suporte nativo a recursos assíncronos. Esses elementos forneceram uma base conceitual para compreender por que o FastAPI ganhou tantos adeptos em pouco tempo. As vantagens centrais foram detalhadas, ressaltando o suporte a type hints, a geração automática de documentação e o desempenho superior. A identificação de erros comuns e as recomendações de boas práticas, aliadas a exemplos reais de uso, deram aos leitores um primeiro contato seguro com o universo FastAPI.

No Capítulo 2, a instalação e configuração do ambiente se mostraram passos essenciais para garantir produtividade e estabilidade ao longo do processo de desenvolvimento. A abordagem incluiu a preparação de um ambiente virtual, a instalação do Python, do Uvicorn e do próprio FastAPI. A estrutura inicial de diretórios, com cada pasta dedicada a uma função específica, demonstrou o valor da organização. A criação de um "Hello, World!" simples validou a configuração, mostrando a importância de testar cada passo para evitar problemas futuros. Além disso, o capítulo deixou claro que mesmo algo aparentemente trivial, como instalar bibliotecas e criar uma estrutura básica, pode impedir frustrações se feito com rigor. Erros comuns, como o uso de versões incompatíveis de Python ou a ativação incorreta de ambientes virtuais, foram abordados para que cada leitor possa contorná-los com facilidade.

A compreensão de conceitos fundamentais do FastAPI foi o foco do Capítulo 3. A tipagem estática recebeu destaque, pois a adoção de type hints melhora drasticamente a previsibilidade do código, simplifica a depuração e torna o desenvolvimento mais fluido. Também foram apresentados métodos de criação de rotas e endpoints, mostrando como o framework aproveita a sintaxe Pythonic para lidar com requisições HTTP de maneira intuitiva. O capítulo ainda ilustrou as funcionalidades internas do FastAPI, como a geração automática de documentação e a forma como o framework lida com a validação de dados. Esse panorama teórico foi reforçado por dicas sobre erros comuns e práticas seguras, enfatizando como cada recurso pode se integrar para formar uma base sólida e escalável.

A evolução para uma estrutura de rotas mais complexa surgiu no Capítulo 4, que explorou a organização de arquivos e o conceito de APIRouter. A modularização é fundamental em projetos de médio e grande porte. Separar rotas em múltiplos módulos e organizar lógicas específicas em arquivos distintos garante que o crescimento do código não resulte em um monólito incontrolável. A criação de exemplos práticos, mostrando como estruturar diferentes pastas e como registrar cada roteador na aplicação principal, reforçou a importância de manter o projeto limpo, com responsabilidades bem definidas. Além disso, esse capítulo mostrou como a prática de dividir o código em repositórios, serviços e routers se alinha com boas práticas de engenharia de software.

No Capítulo 5, o uso de modelos Pydantic para a validação de dados trouxe uma camada adicional de segurança e confiabilidade. A distinção entre modelos de entrada (input) e saída (output) ilustrou a possibilidade de controlar minuciosamente o que a API espera receber e o que retorna ao cliente. Validações avançadas, como constraints de tamanho e formatação, mostraram como o Pydantic economiza tempo e evita desenvolvimento de verificações manuais. O resultado é um código mais conciso e resiliente, capaz de lidar com erros de entrada sem que o desenvolvedor precise escrever longas verificações.

A entrada nos métodos HTTP e operações CRUD, no Capítulo 6, alinhou teorias anteriores a casos práticos de criação, leitura, atualização e remoção de dados. A adoção de GET, POST, PUT, DELETE e PATCH demonstrou como o FastAPI facilita a criação de um mini CRUD completo, ilustrando a forma como endpoints podem trabalhar em conjunto. Esse capítulo também abordou o manejo de erros comuns, como falhas ao lidar com corpos de requisição ou parâmetros ausentes, e reforçou a importância das boas práticas ao manipular dados, evitando problemas de segurança e inconsistências.

Seguindo a linha de evolução natural, o Capítulo 7 apresentou a manipulação de formulários e query parameters. O desenvolvimento de qualquer aplicação web geralmente requer receber dados via formulários, sejam de login ou de inserção de informações complexas. A distinção entre path e query parameters mostrou que há diversas maneiras de fornecer dados a endpoints, cada uma com suas vantagens e implicações. O capítulo realçou os cuidados necessários ao lidar com dados opcionais e obrigatórios, reforçando que a validação continua sendo um ponto chave para garantir robustez.

No Capítulo 8, o foco deslocou-se para upload de arquivos e manipulação de imagens. Muitas aplicações precisam lidar com recebimento de documentos, fotos e outros tipos de mídia. A forma como o FastAPI processa o arquivo, seja armazenando em disco ou enviando para serviços na nuvem, abriu horizontes para soluções variadas. Além disso, a introdução de métodos para manipular imagens mostrou que, por meio de bibliotecas específicas, é possível realizar processos de redimensionamento e tratamento básico de maneira eficiente. Os avisos sobre erros comuns, como exceder tamanho de arquivo ou escolher tipos de MIME inválidos, orientaram o leitor a configurar corretamente cada endpoint.

A segurança, tema essencial em qualquer aplicação, surgiu no Capítulo 9 com a abordagem de autenticação e autorização. A implementação de sistemas de login usando JWT ou OAuth2 é central para proteger recursos sensíveis da API. Técnicas como a integração com pacotes prontos de segurança e a adoção de senhas criptografadas mostraram que não há necessidade de reinventar a roda quando se trata de proteger dados. Esse capítulo reforçou a relevância de mecanismos sólidos de controle de acesso e mostrou como o FastAPI oferece suporte nativo para tais implementações, facilitando a vida do desenvolvedor ao mesmo tempo em que eleva o padrão de segurança do serviço.

O Capítulo 10 introduziu a conexão a bancos de dados relacionais, como PostgreSQL e MySQL, e revelou a simplicidade da integração com ORMs, especificamente o SQLAlchemy. Essa sinergia entre FastAPI e ORMs fornece uma experiência de desenvolvimento completa, onde a definição de modelos, a manipulação de dados e a configuração inicial de persistência tornam-se tarefas claras e pouco suscetíveis a erros básicos de sintaxe. A aplicação de boas práticas de acesso a dados, o uso de repositórios e a segurança contra falhas como SQL Injection foram enfatizados, reforçando o objetivo de proporcionar um serviço confiável e fácil de manter.

No Capítulo 11, a apresentação dos padrões de projeto e arquitetura trouxe uma visão mais ampla de como organizar grandes projetos. A separação entre camadas de serviço, repositórios e rotas, alinhada a conceitos como injeção de dependências e padrões de arquitetura (DDD, Clean Architecture), mostrou que o FastAPI não é apenas um framework rápido, mas também flexível o bastante para se adaptar a diferentes contextos. Essa abordagem completa permite que equipes de desenvolvimento, muitas vezes distribuídas, trabalhem harmoniosamente em um código que se mantém limpo e escalável ao longo do tempo.

A introdução ao mundo de testes automatizados se deu no Capítulo 12, mostrando que a adoção de pytest e a realização de testes unitários e de integração são cruciais para detectar regressões e garantir a estabilidade de funcionalidades. A explicação sobre mocking e a demonstração de cenários reais enfatizaram a importância de uma estratégia de testes bem definida, onde rotas, modelos e regras de negócio são validados antes que qualquer mudança chegue ao ambiente de produção.

O Capítulo 13 mergulhou no universo de WebSockets e comunicação em tempo real, ilustrando como criar aplicações que exigem atualização instantânea, como bate-papos ou notificações ao vivo. A configuração dos endpoints WebSocket no FastAPI mostrou que o framework consegue lidar com processos assíncronos e troca contínua de mensagens sem a complexidade habitual presente em outros contextos. Esse recurso reforça a adaptabilidade do FastAPI a diferentes tipos de serviço e necessidades empresariais ou de usuário final.

Na sequência, o Capítulo 14 explicou o conceito de middleware no FastAPI e como registrar middlewares de logging e métricas. O controle avançado das requisições e respostas, aliando monitoramento e manipulação global, exemplificou como é possível interceptar todas as chamadas para acrescentar camadas de segurança, compressão ou qualquer outra transformação necessária. Essa é uma ferramenta poderosa para arquitetos de software que visam padronizar comportamentos em cada endpoint sem duplicar código.

A questão do agendamento de tarefas e processos assíncronos surgiu no Capítulo 15, onde foram apresentados Celery, RQ e APScheduler. Esse conjunto de tecnologias lida com execuções de rotina, abordando tarefas de longa duração ou que precisam ser rodadas periodicamente, sem bloquear o fluxo principal da API. Com a crescente adoção de microserviços e aplicações event-driven, esse tema tornou-se vital para manter a experiência do usuário fluida e garantir que processos de backend não bloqueiem requisições imediatas.

No Capítulo 16, a discussão girou em torno da geração automática de documentação, um dos recursos de destaque do FastAPI. A produção de especificações OpenAPI e a interface Swagger permitem que desenvolvedores integrem serviços sem precisar consultar extensos manuais. A customização de documentação e a utilização de tags clarificam a estrutura da API e viabilizam a manutenção sincronizada entre código e descrições de cada endpoint. Essa aproximação reduz a chance de desatualizações e protege contra problemas de integração no futuro.

O Capítulo 17 revelou os fundamentos do versionamento de APIs. As razões para versionar, como evitar quebras de compatibilidade, e as práticas para configurar diferentes versões sem interromper serviços correntes mostraram como arquitetos de software podem administrar a evolução contínua. A adoção de prefixos, cabeçalhos ou query parameters para definir a versão adequou-se a diferentes cenários, ressaltando a necessidade de planejar cuidadosamente o ciclo de vida de cada versão.

A parte de deploy de aplicações FastAPI foi apresentada no Capítulo 18, onde se discutiu a decisão entre hosting local e na nuvem (Heroku, AWS, Azure). A configuração de contêineres Docker simplificou a replicação de ambientes e permitiu gerenciar facilmente dependências. A compreensão de conceitos como escalabilidade e alta disponibilidade, somada às recomendações de balanceamento de carga e autoescalonamento, mostrou que há caminhos práticos para lidar com grandes volumes de requisições mantendo a estabilidade e o desempenho da API.

As integrações com APIs externas ocupam o Capítulo 19, explicando como consumir serviços REST e GraphQL, lidar com autenticação em terceiros e mostrar exemplos de pagamento ou redes sociais. Nessa vertente, o FastAPI se apresentou como um integrador versátil, manipulando tokens, chaves de API e fluxos OAuth2 com clareza. Esse capítulo salientou a importância de cuidar de segurança e de erros comuns relacionados a limites de requisição e formatações inesperadas.

O Capítulo 20 acrescentou uma camada de robustez ao discorrer sobre logging e monitoramento. Configurar logs detalhados para rastreamento de requisições, bem como utilizar ferramentas de monitoramento como Prometheus e Grafana, foram pontos de relevância para qualquer API em produção. A criação de alertas e diagnósticos proativos apareceu como a forma mais eficaz de detectar anomalias e responder a incidentes antes que impactem usuários em grande escala.

No Capítulo 21, o foco retornou à segurança, dessa vez em um nível mais avançado. Políticas de CORS, prevenção de CSRF, rate limiting e métodos de reforço contra ataques como SQL Injection e XSS foram explicados de modo a oferecer um panorama global sobre como proteger APIs. A revisão de técnicas criptográficas, incluindo hashing de senhas, complementou a necessidade de manter sistemas seguros e confiáveis. Essas recomendações reforçaram que a segurança não é um bônus, mas sim um requisito intrínseco de qualquer ambiente que manipule dados sensíveis.

Seguindo esse percurso, o Capítulo 22 entrou no mundo da hospedagem serverless, onde a computação em FaaS (Functions as a Service) simplifica a forma como as aplicações são executadas. A adaptação do FastAPI para AWS Lambda, Google Cloud Functions e ambientes semelhantes requer entendimento de como o framework opera em cenários sem um servidor dedicado. O capítulo mostrou boas práticas de otimização para reduzir o cold start e adequar a aplicação a restrições de tempo de execução.

Na penúltima etapa, o Capítulo 23 analisou cache e otimização de desempenho. O uso de Redis ou Memcached em endpoints, a compressão de respostas e a adoção de ETags ilustraram estratégias concretas para reduzir a latência. A medição de performance e a identificação de gargalos por meio de métricas sólidas completaram o arcabouço de otimização, lembrando que um bom design aliado a técnicas de caching pode reduzir muito o custo operacional e o tempo de resposta sob picos de acesso.

Chegando ao Capítulo 24, a discussão se voltou para internacionalização e localização (i18n e l10n). A possibilidade de adicionar suporte a múltiplos idiomas e gerenciar traduções não é apenas um fator de acessibilidade, mas também um diferencial competitivo em mercados globais. A formatação regional de datas, valores monetários e mensagens de erro torna a aplicação mais respeitosa da cultura do usuário, reforçando uma experiência positiva e aumentando a abrangência do serviço.

Finalmente, no Capítulo 25, a relevância da observabilidade e do monitoramento avançado mostrou-se essencial para arquiteturas distribuídas. O uso de tracing com Jaeger ou

OpenTelemetry, aliando logs, métricas e traces para depuração aprofundada, é o passo natural para ambientes complexos, como microsserviços e infraestruturas orientadas a eventos. Esse tripé de logs, métricas e tracing garante uma visão completa da saúde do sistema e permite reações rápidas a incidentes. A integração dessas camadas resulta em um ecossistema robusto, confiável e gerenciável mesmo sob alta demanda.

Olhar para todo esse percurso evidencia o quanto o FastAPI se consolida como uma opção madura, aliando a herança tradicional de conceitos como rotas e MVC (mesmo que de maneira repaginada) com inovações que impulsionam a produtividade. As boas práticas expostas reforçam a importância de uma base sólida de Python, do entendimento das estruturas de pastas, da aplicação de padrões de projeto e da adoção de testes automatizados. Todos esses elementos fazem parte do que se poderia chamar de "tronco comum" de competências para desenvolvimento web profissional. O uso de type hints, as facilidades oferecidas pela validação automática de dados com Pydantic e a possibilidade de gerar documentação de forma imediata marcam a diferença entre uma aplicação construída com padrões modernos e um projeto que se arrisca a ficar desatualizado e inseguro.

Além de todos os recursos técnicos, vale reforçar que o desenvolvimento sustentável e escalável depende de valores tradicionais como clareza no design, modularização, testes abrangentes e, acima de tudo, atenção à segurança. Embora a tentação de explorar as funcionalidades mais sofisticadas seja grande, cada tópico discutido, desde a organização inicial do ambiente até a adoção de tracing avançado, compõe um conjunto de pilares que fornecem estabilidade e performance de alto nível.

Para encerrar essa jornada, é importante frisar a relevância de cada tópico abordado. O conhecimento adquirido ao longo dos 25 capítulos fornece um arsenal de técnicas e referências, mas também um senso de responsabilidade para aplicar essas técnicas de forma coerente, priorizando a confiabilidade e a experiência do usuário final. A base tradicional ensinada – que envolve boas práticas de instalação, estrutura, segurança, testes e monitoramento – molda a mentalidade de um desenvolvedor que não apenas domina o framework, mas entende as implicações de cada escolha de design e infraestrutura.

O caminho do aprendizado, no entanto, não termina aqui. A tecnologia está em constante evolução, e o FastAPI continua recebendo atualizações e aprimoramentos. Cada capítulo apresentou diretrizes, mas, na prática, cada projeto terá necessidades específicas que podem exigir adaptações. A recomendação é continuar estudando, experimentando e acompanhando a comunidade de FastAPI, que é ativa e receptiva a contribuições. Os próximos passos envolvem criar projetos reais, aplicar cada conceito em cenários concretos, resolver problemas de escalabilidade e segurança, e refinar a cada ciclo de desenvolvimento.

Agradece-se imensamente a cada leitor que chegou a este ponto, por ter dedicado tempo e energia para aprofundar conhecimentos no universo do FastAPI. A aplicação prática desse conteúdo não apenas resultará em APIs mais rápidas e seguras, mas também em serviços que podem impactar positivamente o dia a dia de empresas e pessoas ao redor do mundo. Cada tópico explorado – da criação de uma rota simples até o tratamento de tarefas assíncronas e a adoção de observabilidade avançada – representa um degrau em uma escada de competências profissionais que tendem a ser muito requisitadas no mercado de tecnologia.

Que cada desenvolvedor mantenha acesa a curiosidade e a vontade de aprender. Pode-se continuar explorando integrações com novas bibliotecas, investigando práticas de DevOps, descobrindo maneiras mais eficientes de lidar com monitoramento e testes, experimentando arquiteturas como microfrontends, entre outros caminhos. O importante é não estagnar e sempre buscar a melhoria contínua, sabendo que uma boa base teórica associada à prática constante resulta em produtos robustos e bem recebidos pelos usuários.

Assim, conclui-se que a adoção do FastAPI, aliada a uma visão tradicional de engenharia de software e boas práticas técnicas, conduz ao desenvolvimento de soluções web sólidas, escaláveis e seguras. O amadurecimento do ecossistema, bem como o empenho dos desenvolvedores em seguir padrões elevados de qualidade, garantirão o sucesso de qualquer aplicação construída sobre esses alicerces. A recomendação é prosseguir com a criação de projetos concretos, participar ativamente de comunidades, compartilhar conhecimento e aplicar cada conceito discutido ao longo desta obra em soluções reais, consolidando definitivamente essa base de aprendizado para se tornar um profissional de destaque no cenário de desenvolvimento web com Python.

Cordialmente,

Diego Rodrigues & Equipe!

www.ingramcontent.com/pod-product-compliance
Lightning Source LLC
LaVergne TN
LVHW051229050326
832903LV00028B/2313